母から子に伝えたい
持たない四季の暮らし

母亲传承给
孩子的四季生活

〔日〕マキ麻希 著
千早 译

北京联合出版公司

春

　　樱花——春天的象征。最初是鼓鼓的浅粉色的花蕾，随着气温回暖逐渐盛开。五分绽放、八分绽放，一日又一日的期待是这个时节独有的心情。然后，在终于完满盛放的樱花树下，尽情深呼吸。

　　春日的空气里飘浮着湿润的泥土味道，伴随樱花的隐约香气，有一种清爽的暖意。只手搭着薄薄外套，微风拂过，眼神不由得去追寻簌簌落下的花瓣，提起春日午后，总能想起这样的场景。

　　至此，新的一年才算正式开幕。越是忙碌，越是觉得樱花仿佛在说"稍微缓一缓吧"，于是我忍不住回应"那么我就不客气了……"，虽有浅浅不安，但还是为之驻足。这便是春天静谧的温柔，我觉得这同时也是隐藏在春天里的力量。

夏天的季候景是积雨云。我总觉得有关暑假的回忆都是以积雨云做背景的。在湛蓝的天空里，飘浮着大片的白云。太阳不知疲倦地闪耀着，朝大地洒下光芒，但我只要躲进树荫，便感到片刻凉意，可以悠悠地松一口气。

玩闹的孩子们咯咯欢笑，仿佛在与蝉"知了知了"地鸣叫竞赛，让周遭变得热闹非凡。我啧啧感叹"真是在竭尽全力地过夏天啊"，却仍然守着这片树荫。

看着孩子们闪闪发光的汗珠，我觉得，他们果然和太阳很相称呢。仅仅是看着小朋友在大自然里生气勃勃地游戏，便已经是一份幸福。有关这个夏天的回忆，总是浮现在我眼前。

夏

秋

　　受秋风引诱，信步走了走，便邂逅了这一块"金黄的地毯"。在成长为大人之后，才发觉银杏叶竟是这么美丽的存在。几乎所有学校都种植着标志性植物一样的银杏树，而中学时期的我，却只是觉得"银杏真难闻啊……"。

　　银杏树因其高大，原本就引人注目。即使是别的季节，它们也很少朴素地融入周围景致。一到秋天，银杏树更是像呼唤着"快看着我"一般，换上醒目的金黄衣裳。然而银杏树只有转瞬间的光芒，不久便渐次谢幕。寒风吹过，叶子开始哗啦啦地飘落，不知不觉，银杏树就剩下光秃秃的枝丫。

　　秋日苦短，也正因如此，秋日满载着我的期待。

冬

　　我想，只有孩子和狗会在下雪天兴奋不已吧。对于我这个彻头彻尾的大人来说，寒冷是能轻易战胜喜悦的，但看着玩雪的孩子，我还是会不由自主地微笑起来。

　　时而舒展手掌，看着雪花静静融化，时而紧紧抓起一把雪，凝视着，凝视着。我漫不经心地玩着雪。接着，作为大人的我，因为想听孩子说"妈妈真厉害呀"，不惜让双手冻得通红，竭力滚起雪球。在来回奔跑时，我摔倒了，但积雪像松软的坐垫一般，我一点儿也不疼。纯白的雪有着不可思议的力量，它让孩子们的身心都充满了活力。

前 言

回忆是依靠"物品"留存的吗?

我想要通过"记忆"留存。

今天泡澡时在浴缸里放了柚子。

用盐腌制的樱树叶,大概有成熟的味道吧。

梅子啊,明明尝起来酸酸的,散发的香气却和桃子的很相似。

或许年幼时候断断续续的记忆,在等到我们成为大人,明白其中真意之时,就会嗖的一声填满生活里的角角落落。对我而言就是这样。

我想过上能够留存在孩子们记忆里的生活,并不是像学习知识那样塞进他们的脑袋,而是不经意地、轻轻柔柔地将每一天的模样映照进去……

无论是游刃有余地度过的充实一天,还是慌慌张张度过的一天,都是相同的24小时。一年有365天,孩子们每一天成长的每一个瞬间,都是无法倒流的。

不管孩子们身处怎样的环境,他们的记忆都一天天地掺入了新事物。或许,为了让孩子成为挺起胸膛的大人,引导他们拼命学习才是正确的做法。但作为母亲,能够教给孩子的事情还有很多很多,察觉到这一点的我忽然觉得很轻松。

"就将我孩提时期耳濡目染的那些事物都教给孩子们吧。"

希望我的孩子飞出巢的那一刻，不迷路，不困惑，即使和我距离甚远，也能清晰地感受到母亲的爱意。

正是在孩子年幼时与他们亲密无间的时光，才有更多能够传达的事情。孩子可能无法清晰地记住所有，但我认为陪孩子做过的事都是有意义的，于是我写下了这本书。

春天来了，就去摘艾草，去挖竹笋。

转眼是夏天，就腌腌梅子，去捉独角仙。

到了秋天，要捡橡果，晒晒柿饼。

冬天已至，要捣年糕，包味噌球。

每年，通过完成这些活动，记忆逐渐变成更为坚实的堡垒。对孩子们的爱，也将通过这日复一日的生活稳稳传达，我这样坚信。

虽然现代社会充斥着物欲至上的倾向，但我仍然期望，留住回忆的，不是"物品"，而是带着温度的"记忆"。

我将这个期望写进了这本书。

麻希

目录

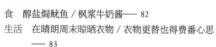

在季节流转间，编织记忆

春，夏，秋，冬。日本有着这样分明的四季。

时光的流逝、孩子的成长都在转瞬之间。

只愿不枉过重要的时间，只愿不丢失重要的回忆。

我想要在各个季节过上亲近自然的生活。

这是一个母亲想要传达给孩子的，一年12个月的生活。

1月

睦月

迎接神明的1月

　　1月（睦月[1]）是新年伊始。以迎接佑护新一年的神明的仪式为中心，这个月会进行很多传统民俗活动。镜饼是新年供奉给神明和祖先们的食物。据说装饰在年糕上的橙子，饱含家庭代代昌盛的祈愿，橙子皮洁白的内侧，则象征着纯净的心。我的娘家每年都会捣年糕，手工煮制镜饼。

　　"大寒"这一节气也隶属1月，正如其名，是一年里最寒冷的时节。人们也在这个时期开始酿造味噌、酱油和酒，把它们唤作"寒日装料"。尤其是味噌，在漫长的冬季缓缓发酵，酿制出的味道会更为醇厚、美妙。

　　除此之外，自古以来就有年初采摘嫩菜的风俗，更有"喝过七草粥，一年才算开始"这种说法。所谓七草，即水芹、荠菜、鼠曲草、繁缕、宝盖草、芜菁、萝卜。人们艳羡冬日嫩菜的顽强生命力，以此祈愿长寿。据说1月6日采摘七草，于7日清晨熬制成粥饮下，即可祛除体内的邪气，度过无病无灾的一年。对于1月里暴饮暴食的现代人来说，七草粥有助于人们卸下肠胃的重负，实在是再合适不过了。

---

1 编者注：在1月的新年期间，有团圆和睦之意，家人相聚。另外，1月由于是一年当中的第一个月，所以也有"元つ月（もとつつき）""萌月（もゆつき）""生月（うむつき）"等民间说法。

从"初拜"开始的新年外出

每年，我们都会全家人一起去地方神的神庙进行初拜。稍饰淡妆，因平安顺利地度过上一年而向神明表示感谢，再祈愿眼下拉开帷幕的新一年能让人心跳不已。

抽签环节也是一年一度的期待。每年，家人们都会聚集在丈夫的老家，慵懒舒适地度过新年。赖床或是一不留神打起小盹儿都不要紧，年初时光，如此幸福。

年幼时不懂御节料理的滋味，光挑着里头的鱼糕和干青鱼子吃，随着岁数增长，我逐渐品出其中美味，便往里增添了更丰富的菜。现在我仍是看着母亲制作的模样学习，真希望有一天我能全凭自己做出来呀。

"初写"是我将从小学至高中学到的书法技巧教与孩子们的机会。这不仅仅能督促她们写出优美的字，也是她们学习如何集中注意力的绝佳契机。

祈祷一年平安喜乐的"初拜"。新年初次参拜神社与寺庙，愿这一年幸福。

"初写"是在新年里，第一次用毛笔纸墨写字、画画的仪式。其中包含着"希望能写出优美的字"这一祈愿。

娘家的七草粥通常会加入田地里采来的蔬菜、年末收到的贺礼红鲑鱼，以及1月里吃剩的年糕。

1／1

1／2

1／7

1月日常

食

提起御节料理，往往会想到黑豆，但在我家更常使用红芸豆。
其中包含着"勤勉地工作吧"这一祈愿。[1]
我不会喝酒，所以会选择无酒精的甜酒来稍稍品味 1 月的气氛。

材料（方便烹调的分量）

红芸豆…150 克　甜菜糖…大汤匙 4 勺
酱油…大汤匙 1 勺

烹调方法

1. 在锅里放入足量清水与红芸豆，浸泡
一整晚。
2. 生火，咕噜咕噜煮上一小时（在这一
过程中，注意随时补足水量，保持刚好
浸过豆子的水位即可）。
3. 红芸豆逐渐煮裂之时，即可加入甜菜
糖，再煮 30 分钟左右。
4. 最后加入酱油，稍煮片刻即可出锅。

红芸豆

生姜甜酒
（不含酒精）

1 月 的 准 备

材料（方便烹调的分量）

白米饭…1 茶杯　米曲…1 袋（200 克）　生姜汁…些许　水…600 毫升

烹调方法

1. 将水加入锅中，烧热至 65℃。
2. 将白米饭与米曲加入热水中，稍稍搅拌后，倒入保温壶中静置、发酵
一整晚，直至白米饭与米曲成粥一般的状态。
3. 使用榨汁机将白米饭和米曲加工至丝滑状，混入生姜汁搅拌。推荐您
在寒冬饮上一杯。

---

1 译者注：日语中，"勤勉"与"豆"同音。

生活

喜迎新年的准备。

除了浴巾，牙刷之类的日用品也可以全新购置。

自从听说它们包含着"辞去污浊"的意义，我尽量在能力范围内更新这些物品。

制作传达心意的红包

装压岁钱的红包可以用折纸简单制作。市场上购买的成品红包经常会买了用不完，所以我决定手工制作正好需要的量，而且我觉得手工制作更能传达心意。脑海里浮现出赠予对象的脸庞，想象着"那个孩子会喜欢这种花纹吧"，如此挑选折纸的时间也很快乐。最后红包上再饰以富有 1 月气氛的果实和枝叶，喜庆的感觉洋溢而出。

学会这个折纸方式后制作起来非常方便，偶尔紧急需要，我也不必特地再出门去买。我想通过和孩子们一起折红包，将这个生活小智慧也传予她们。

新置浴巾

我保持一年一度在新年时节购置新浴巾的习惯。我家使用的是 Fabric Plus 的纱布制浴巾。

明明是和通常浴巾一样的大小，但这种浴巾由于材质轻薄，可以每天和衣服一起放入洗衣机洗，这是我非常中意的一点。挂上衣架稍稍一晾，浴巾就干了，不会因为未干透而产生异味，使用效果极佳。因为它可以每日清洗、晾干，家庭成员一人备上一条便足够了。

将前一年使用的浴巾裁剪成抹布，还可用于周末清洁。

红包的折法

1. 先将纸对折以留下痕迹，接着将下边向内折叠 1 厘米宽。

2. 沿中间的折痕向上翻折。

3. 将下边两端向内折出小三角形。

4. 将左右两边沿三角形的边缘向内折。

5. 将上边沿中心线向内折出三角形。

6. 往下翻折。

7. 将角尖插入折缝。

主食

年糕汤，是各个家庭调出的味道都会稍有差异的一道料理。

我家的年糕汤制作起来非常简单。

使用年糕、肉、蔬菜，能做出一道满载食材、营养丰富的料理。

年糕汤

材料（4 人份）

年糕…4 块　鸡腿肉…4 片（100 克）　胡萝卜…10 厘米长　白萝卜…10 厘米长　牛蒡…半根　油菜…半束　高汤包…1 袋　面条蘸汁（3 倍浓缩型）…大汤匙 1.5 勺　盐…小汤匙 1 勺　水…800 毫升

烹调方法

1. 在锅内加入清水与高汤包，将根茎类蔬菜切成适宜食用的大小后放入锅中。开火加热。

2. 将高汤包捞出后继续熬煮。将鸡肉切成一口一块的大小，待根茎类蔬菜煮至柔软时，将鸡肉块加入锅中。

3. 待锅里的食材全部充分煮透后，加入面条蘸汁与盐进行调味，接着加入年糕，最后加入切至 5 厘米长短的油菜，小火稍煮片刻即可。

1 月 的 餐 桌

配菜

煮菜是御节料理不可或缺的。

虽说从前不太喜欢煮菜的味道，但随着岁数增长，那些浸透了调料味道的蔬菜，也渐渐浸透我的心一般，变得美味起来……我越来越这样觉得。

煮菜

材料（方便烹调的分量）

胡萝卜…1根　海老芋（普通芋艿也可）…1个（普通芋艿则需5个）　莲藕…150克　水煮竹笋…1袋　牛蒡…1根　干香菇…6个　干香菇泡发汁…400毫升　高汤包…1袋　酒…大汤匙3勺　甜菜糖…大汤匙3勺　酱油…大汤匙3勺

烹调方法

1. 在锅中加入适量的水（无标准），将干香菇泡发。与此同时，将蔬菜切至各自适宜食用的大小。
2. 将泡发的香菇捞出，在剩余的泡发汁中加入高汤包和蔬菜。开火熬煮。
3. 捞出高汤包，加入酒、甜菜糖、酱油与泡发后的香菇。当汁水熬煮至1/3的分量时即完成。稍稍浓重的味道是延长保存期的秘诀。

点心

在一年一度捣年糕的时节，一同捣来的还有这份翘首以待的美味。

接近仙贝的调味备受孩子们喜欢，盐、海苔、咖喱等味道我也决定试着做一些。

炸年糕

材料（方便烹调的分量）

年糕…适量　酱油…适量　油…适量

烹调方法

1. 将年糕放置在通风良好的地方干燥两周。待年糕干燥到出现裂缝后，将其掰成小块。
2. 将足量的油和干燥后的年糕一同下锅，开火加热（炸的过程中，年糕会膨胀2~3倍，所以避免一次入锅的年糕太多）。
3. 用小火加热约20分钟，仔细搅拌。
4. 当年糕浮起并稍微变色时，趁油温未散时滴入酱油（以轻微染上颜色为标准）。

暖暖脚

我喜爱的汤婆子可以直接在火上加热，不需要额外的热水壶。汤婆子内的水也不需要每日更换，非常环保。

家居鞋是冬天的必需品，也是我每年都会全新购置的一件东西。我的家居鞋是 Afternoon Tea 和 Harris Tweed 的联名款。

充分暖脚后，抗寒能力也会随之变强。夜里洗碗的时候，我会在灶台上热好汤婆子，再将它滑进被窝里，做就寝准备。

双脚暖暖地睡觉是非常幸福的。选用保暖性能强的亚麻床单，再加上汤婆子，直到清晨，我都不会感到一丝寒意，实现精致睡眠。不过我经常会不小心睡过头呢（笑）。

紧贴着孩子们睡觉就像紧贴着汤婆子一样温暖。在这个季节，就寝时能和孩子们无限拉近距离，对我来说，没有比睡觉时间更幸福的时刻了。

暖暖脖颈

红豆"暖宝宝"

　　脖颈保持温暖后，全身都会跟着被暖意渗透，精神状态也随之变得柔软、轻盈。此时我家闪亮登场的，便是用旧环保袋制成的红豆"暖宝宝"。使用微波炉加热，恰到好处的暖意能持续3分钟左右，不仅仅是在冬天，在其他季节也能在小憩之时、想要集中精神之时或是想要转换心情之时派上用场，非常实用。

　　孩子们的脖颈则可以使用围脖保暖。围脖比围巾更为安全，即使孩子乱跑乱蹦也不容易松开，佩戴起来也方便。选用极粗的毛线的话，两捆就可以织好一人份的围脖。

红豆"暖宝宝"的制作方法

1. 沿环保袋的下边剪下宽15厘米左右的长布，将内布翻转出来。将剪边向内折1/3后，缝起来。

2. 此时长布宽10厘米左右，再度翻转，加入红豆后平缝起来。

围脖

立春

春日伊始。

2月4日来临的立春，虽说在日历上已经被标记为春天，实际上却是一年里最为寒冷的时期。

但是度过立春之后，人们就能逐渐感受到寒意逐渐淡去，春日气息纷至沓来。

立春，是和节分如影随形的日子。

节分，则有着区分季节的含义，指的是，作为一季之始的立春、立夏、立秋、立冬的前一天。据说，季节变换之时，就会有鬼怪现身，将灾厄和疾病招来。

撒豆驱鬼的仪式也由此而来。

犹记得我年幼之时，每到这个时节，母亲都会为我炒一些黄豆。她将火炉上的水壶稍微移开，放上平底锅，慢慢炒熟黄豆："生的黄豆可是很不吉利的。撒完豆子之后，如果不及时捡回来，它们还会发芽哩。"

孩提时候，我总是一边大喊着"鬼怪——快出去——"，一边朝外撒豆子，接着为了招来福气，我又一边大喊着"福气——快进来——"，一边朝屋内撒豆子。我当时总是朝着扮演鬼怪的父亲撒欢儿似的撒豆子呢，等到自己也成为母亲，才迟缓地意识到事后清理豆子可不是件轻松的事。

"黄豆炒熟了。要吃与你岁数相同的数量哟。"

这样做似乎可以远离疾病、保持健康。我小时候光是拼尽全力地边数边吃，全然不知道原来其中还有这份含义呢。

黄豆非常美味，有时我会忍不住，吃了超过岁数的数量。记得祖母当时好像因为吃不了六十个那么多，于是用六十粒黄豆熬成福茶饮用。

在火炉上耐心地翻炒黄豆，不一会儿，家中就弥漫起黄豆散发的浓香。我在一瞬间重拾童心。

除此之外，我老家还会在节分夜用柊树枝穿过烤过的沙丁鱼头，装饰玄关。我当时还不知道其中有什么含义，长大成人后才知道，原来这是为了用尖尖的柊树枝刺伤鬼怪，同时利用烤沙丁鱼头的恶臭将鬼怪赶跑。我想了想，不可思议地觉得这样做有道理。

我想，我小时候一定也询问过沙丁鱼头和柊树枝的含义吧，只不过当时我满脑子都是撒豆子这件大事，才会什么都记不住。

不过，等到再一次向父母请教时，我听着这些民俗仪式各自包含的意义，还是觉得非常有趣。

正是因为成长在这样重视民俗仪式的家庭里，我才会在得知节分的真实意义时，想着一定要把这些东西好好地说给孩子们听吧。

我与母亲坐在温暖的壁炉旁，一说起这些有趣的往事就停不下来。

2月

如月

感受到春日到来的2月

居住在东京，一年到头也看不了几场雪，但2月仍是一年之中最能切身感受到寒意的月份。"如月[1]"的由来，据说是因为这个时节实在太寒冷，人们穿和服时还要在里面穿更多的衣裳，所以把2月称为"穿了再穿"（与"如月"同音）。

然而，2月虽是冷到刺骨的时节，同时也是能感受到春天逐步接近的时节。眺望四周，雪白可爱的梅花绽放着，散发出清新怡人的香气。枝芽的点点绿意也带来万物复苏的气息，当黄莺开始唧唧啾啾地鸣叫时，人们就知道春天已经悄然而至了。不久，初春的南风吹拂大地，气温直线上升，没多久，天气又迅速转凉。这对身体健康的管理来说是非常困难的时节。这时候我往往会选择待在温暖的房间里，一边聊天，一边织衣物，品味即将远去的冬意。

我希望每到天气转凉之时，孩子们就能回想起"那时候我和妈妈一起织过衣物呢"。虽说钱能买到很多东西，但我还是坚信，教给孩子们手工制作的技术、智慧以及更重要的包含其中的乐趣，一定能为她们将来独立生活蓄积力量。

---

1 编者注：2月是残雪渐融的月份，于是人们准备换上厚重的衣服。"如月（きさらき）"是"衣更着（きさらぎ）"的衍生指代用法。此外，2月也是草木发芽、开花的月份，也被称为"草木张月（くさきはりづき）""梅见月（むめみつき）""木目月（このめつき）"。

利用纸碟子做面具。无论是使用蜡笔等画具，还是直接巧用彩色纸碟子，做出的面具都非常可爱。毛线和橡皮筋发圈也能轻松派上用场。

祈愿身心成长

　　一会儿鬼怪来了，过一会儿又得做巧克力，2月里，孩子们的活动真是一个接着一个。哪怕是寒冷的季节，也丝毫不影响孩子们的精神，她们总是生机勃勃的。不过，稍有疏忽，她们就会感冒，所以我一直很重视健康管理。现在也是柠檬、蜜柑、金橘等柑橘类水果都十分美味的季节。这些富含维生素的果实只要稍加处理，就能很好地预防感冒。虽然现在只要去医院就能买到药，但我听说，在祖母那个不依赖药物的年代，在寒冷时节准备木梨露是理所当然的事情。确实，回想起小时候，我每次咳嗽时，都会被喂家里自制的蜂蜜味木梨露，对那份美味也记忆犹新。

　　现在轮到继承了那份美味的我，将它教与女儿们了。通过不过度依赖药物的方式来提高她们的免疫力，我祈愿她们的身心都能茁壮成长。

送给最喜欢的爸爸和朋友们。在情人节制作点心时，就让孩子成为主角吧。我希望能够让她体会到饱含爱意地进行手工制作是件愉快的事。

食

一次做大量味噌的话，味噌会更美味，所以我会选择在老家和母亲一同酿造味噌。
我希望通过年复一年的制作，掌握更地道的口味和技术。

材料（9 千克酿造份）

干燥的黄豆…2 千克　米曲…3 千克　盐…900 克　热水…
700 毫升

酿造方法

1. 将洗净的黄豆泡入大号锅的水中，静置一晚，等黄豆胀大。
2. 黄豆胀大后，直接开火熬煮，直至黄豆熟软（取其中一颗黄豆，能用手指捏破即可）。
3. 将煮熟的黄豆倒在筛网上，趁热磨碎（我家通常将捣年糕的装置当作制作味噌的机器，用来磨碎黄豆）。
4. 揉开米曲，加盐搅拌，随后将其与磨碎的黄豆混合搅拌。
5. 一点点地加入热水，使其凝结，然后将其揉成团子状（一边挤出空气，一边放进味噌缸）。
6. 冷却 2～3 天。为防止空气进入，在内盖下封上保鲜膜，再压上 1 千克左右的石头，直至土用丑日 1 发酵成熟。

自制味噌

木梨润喉糖

材料（方便制作的量）

木梨露：木梨…3 个　冰糖…1 千克　蜂蜜…150 毫升　烧酒…50 毫升
润喉糖：木梨露…50 毫升　蜂蜜…50 克　甜菜糖…50 克　醋…小汤匙 1 勺　薄荷油…2 滴

烹调方法

1. 制作木梨露。将木梨切片，以一层木梨、一层冰糖的顺序将木梨和冰糖放入保存容器中。
2. 在容器里倒入蜂蜜与烧酒，静置两个月，冰糖完全溶解即表示木梨露完成了（半年后需要取出木梨）。
3. 制作润喉糖。在锅中加入木梨露、蜂蜜、甜菜糖，开火煮至沸腾后加醋。
4. 再煮 10 分钟至黏稠状，滴入薄荷油。
5. 展开铝箔纸，用勺子将黏稠物滴落呈圆形。将铝箔纸在冷冻室放 15 分钟，使其凝固。

---

1 编者注："土用"与中国的阴阳五行有关，春为木，夏为火，秋为金，冬为水，而在春、夏、秋、冬各季要结束前的 18 天，就被称为"土用"。"丑"则是指 12 生肖中的牛，以 12 天为周期进行轮回，因此在"土用"的 18 天中至少会出现 1 次。

生活

虽然养成勤洗手的习惯可以预防病毒感染，但集体生活还是无法彻底避免染上传染病。
所以日常生活里需要时刻留心，才能无论何时都冷静应对。

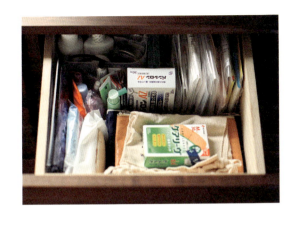

我家有一个作为药箱的抽屉

　　我故意不准备专门的药箱，只常备一抽屉的药量。医院开的药按不同的人放入不同的拉链袋，竖着收纳则不会占太多空间。把病历和母子手账一起放入小布袋，除创可贴、胃药等医疗用品之外，也将备用牙刷、口罩等卫生用品放入其中，维持打开抽屉就能轻松找到的状态。

　　在需要频繁使用药物的季节来临之前，我会整理这个抽屉，处理过期药。正因为它们是口服药，才更需要我不懈怠地检查。

也用手工作品预防传染病

　　孩子们的口罩，因为尺寸特殊，是很难找到刚好合适的大小的，所以我会选择用纱布制作正好符合孩子脸型大小的口罩。口罩大小合适的话，孩子们就会没有抗拒地乖乖戴好。口罩能清洗，能重复使用，也更为经济。使用孩子喜欢的材质，可以做出更为可爱且对皮肤刺激小的口罩。

　　除此之外，在伴有呕吐症状的传染病频发的这个季节，人们都说应对呕吐时，煮沸消毒和用氯漂白剂制成的消毒液效果更为显著。说起次氯酸钠，我就会想到除霉剂，除霉剂因为和漂白剂的成分相同，除了用于浴缸清洁，还可用于厨房排水口的漂白。

主食

寒冬时节总会不由自主地想要吃滚烫的面。

这时就不得不提到自家熬煮的味噌拉面！

可以在成人份的拉面中加入大量生姜末，让身体由内向外迸发暖意。

肉味噌拉面

材料（2 人份）

中华面饼…2 块　猪肉末…100 克　大葱…10 厘米　玉米粒…适量　生姜…依照个人喜好　鸡汤…800 毫升　〔A：酱油…大汤匙 1 勺　大蒜咖喱味噌（参照第 66 页）…大汤匙 4 勺〕盐、酱油…适量　芝麻油…小汤匙 1 勺　菜籽油…少许

烹调方法

1. 在锅中加入足量热水，将水烧至沸腾后，放入中华面饼。
2. 在另外一口锅中倒入菜籽油，烧热，翻炒猪肉末。加入切成小块的葱和盐煮玉米粒，继续翻炒，稍加盐与酱油后搅拌均匀。
3. 加入鸡汤与 A，稍煮片刻。滴入芝麻油，再按个人喜好加入盐与酱油。
4. 将煮软的中华面加入汤汁中，最后加一点生姜末。

配菜

咕噜咕噜地熬煮出来的料理，因为能够使厨房温暖，在冬日很受欢迎。
除此之外，在拉面上点缀入味十足的叉烧肉与柔嫩半熟的鸡蛋也非常美味。

叉烧肉与煮鸡蛋

材料（方便烹调的分量）
叉烧肉：煮制专用的猪里脊肉块…550 克　洋葱…1 片　生姜…1 片　大葱（青段）…2 根　酒…200 毫升　酱油…100 毫升　甜醋…大汤匙 2 勺
煮鸡蛋：鸡蛋…适量　面条蘸汁…适量

烹调方法
1. 烹制叉烧肉。将平底锅烧热，将猪肉表面微微烧焦。
2. 在锅中加入微焦的猪肉与其他所有食材，熬煮至猪肉熟透（大约需要 1 小时）。
3. 关火。让猪肉同汤汁一起冷却。随后将肉捞出，切成薄片。叉烧肉完成。
4. 烹制煮鸡蛋。在锅中放入常温下的鸡蛋，倒入刚好没过鸡蛋的水，开火加热 7 分钟整。
5. 将鸡蛋放在冷水中浸泡，剥壳后，将鸡蛋放入塑料袋，往袋里灌面条蘸汁。排出空气后将塑料袋绑好，泡半天左右即可。

点心

花生类点心令人怀念。
回想起母亲曾做给我吃的那个味道，我也想让孩子们尝尝看，所以试着做出了那道点心。
那是大人们也无法抗拒的美味。

味噌花生

材料（方便烹制的分量）
花生（生）…1 袋　炒白芝麻…适量　味噌…大汤匙 1 勺　甜菜糖…大汤匙 3 勺　水…30 毫升　油…适量

烹制方法
1. 在锅中加入油，用小火烧热锅，趁油低温时倒入花生，充分炸熟（需要 10 分钟左右。稍稍尝上一粒，熟透即可）。
2. 在平底锅中加入水与甜菜糖，开火加热，直至甜菜糖溶解。
3. 将味噌加入平底锅中搅拌，倒入刚出锅的花生并搅拌均匀，最后撒上芝麻即可。

享受独处时间

一个人散步并顺便去超市购物的时光便已非常珍贵。超防水的环保袋不容易沾上污垢，用作购物袋真是再合适不过了。

清晨醒来后，迅速在家居服外罩上围裙即进入料理模式。悠闲地泡咖啡也算是我独处时的一大乐趣。

2月例事

即使身为母亲，我也想好好珍惜独处的时间。哪怕仅仅是 5 分钟或是 10 分种，能安静下来度过一个人的时间，会让我觉得视野也随之放宽了。例如通过阅读增长知识的书籍给大脑提供养分，散步，吸收新鲜空气给心脏带来的氧气，清晨食用大量蔬菜来给身体提供养分。我越发觉得，自我成长的钥匙就是不依赖电视或者智能手机时度过的珍贵的独处时间。

即便在这样的独处时间里，我也不会穿睡衣，而是穿能让我从心底感到放松的亚麻质家居服，这是我的一大信条，让我在独处时保持优雅。

亚麻材质的衣服有很好的保温性，即使在冬天穿着也很温暖。作为休闲的家居服，亚麻布衣物舒适、宽松。

情人节也饱尝手工制作的趣味

　　我想要告诉孩子们，情人节不是要互赠自己购买的巧克力，而是要将心意包含在制作这件事中。所以，即使手工制品形状不那么美丽，也不那么整齐划一，我还是想和孩子们一起制作。

　　用折纸进行包装后，手工制品便摇身一变，成为世界上无法复制的独家礼物。一边想象着最喜欢的人吃下它时露出的笑容，一边揉捏原料，然后用心形模具成型，等待它烧制完成也是一种幸福。

椰子巧克力曲奇

材料（15 枚份）

小麦粉…180 克　椰子粉…大汤匙 1 勺　巧克力块…30 克　牛奶…50 毫升　黄油…50 克　甜菜糖…50 克

制作方法

1. 在钵盆中放入解冻至常温的黄油与甜菜糖并搅拌。
2. 将小麦粉与椰子粉混合，搅拌，加入牛奶与巧克力块，用手将原料揉捏成团。
3. 用擀面棒将面团擀平，用模具成型，随后将其放入预热至 180℃的烤箱烤制 10 分钟即可。

包装袋的制作方法

1. 往左翻折，左边缘空出 1 厘米宽左右。

2. 向外对折。

3. 将正对自己的一面以任意角度向下翻折。

4. 翻转至背面，将突出的左侧与下侧往里折入，将折纸放入袋中。

包装袋

3月

弥生

轻尝别愁的3月

寒冬画下句点，迎来被蓬勃春意包围的3月。3月也被唤作"弥生[1]"，是草木缓缓抽出嫩绿新芽的时节。

女儿节是祈愿女孩幸福成长的节日。女儿节的糖果、菱饼、糖米糕有红、白、绿三种颜色，包含祝福女孩无忧无虑、健康成长的心意。红色代表"除魔"，白色代表"纯洁"，绿色则代表"健康"，大概是这样的意思。

我家会配合居室空间大小，选择装点小小的女儿节人偶。人偶因为是陶瓷制的，表现出了灵活的表情，让我非常中意。女儿节当天，我还会为女儿们简单地穿上和服，让她们体验扮人偶的感觉。

除此之外，3月还是离别的时节。面对新的一年，心境也会随之发生各种各样的变化。我希望孩子们通过离别后的寂寞和升学的喜悦，获得新的成长。孩子们从3月中下旬就开始放春假，正好能够回首和总结过往一年的种种。亲子双方都缓上一口气，3月是能静静相守的月份。

---

1 编者注：3月是草木渐渐茂密的月份，日文的原文为"木草弥や生ひ月（きくさいやおひづき）"，取其"弥生"用以象征3月份，因此，日本各地方也有"花月（かげつ）""嘉月（かげつ）""花见月（はなみづき）""梦见月（ゆめみつき）""樱月（さくらづき）""暮春（ぼしゅん）"等说法。

唤醒沉睡的身体

有这样一句谚语——"让春天的料理满载苦味吧"。据说，就连从冬眠中苏醒的熊食用的第一口食物都是蜂斗菜芯，那份苦味用来唤醒身体，效果斐然。想要排出冬日里堆积在身体里的脂肪与废物，将身体状态转换为"春天模式"，果然还是要依靠野菜的苦涩。3 月是从自然中获取活力的绝佳时机。

3 月还时不时会让人有暖洋洋的感觉，一点儿也不会让人觉得难挨。尤其是在春分日，昼夜均长，随后白昼越来越长，让人感觉黑夜似乎永远不会来临。正如"炎热与严寒都被拦在彼岸"这句话，昼间总是适合散步的温度，令人惬意。沿着河堤，时而采摘笔头菜和艾草，时而追逐菜粉蝶，时而观察瓢虫和蒲公英……只要出门就有做不完的趣事。

3/3

不仅仅想教孩子们装饰人偶，更希望她们长大后能够独立做出女儿节大餐。

3/15

能感受到春日气息的竹笋和蜂斗菜芯。先和孩子们一起观察它们原本的形状吧。

3/20

青团的原料——艾草。告诉孩子"叶子背面泛白的就是艾草哟"，然后一起踏春摘草。

3 月 日 常

食

3 月的草莓是最美味的，售价也大幅下跌，3 月是能尽情享受草莓的月份。

春天的草本植物大多保鲜期短暂，我会把它们做成能长时间储存的料理，想品味更久。

蜂斗味噌

材料（方便制作的分量）

蜂斗菜芯…5 个　味噌…大汤匙 1 勺　甜料酒…大汤匙 1 勺　甜菜糖…大汤匙 1 勺　菜籽油…大汤匙 1 勺

制作方法

1. 花 30 分钟使蜂斗菜芯充分浸水。随后用沸水煮 30 秒，再挤干水分。
2. 将蜂斗菜芯切成末，在煎锅中倒入菜籽油并加热，翻炒菜芯末。
3. 在锅中加入其余材料，将汤汁熬干（注意水分变化，避免烧焦）即可。将蜂斗味噌放入消毒后的容器，使用冰箱冷藏，3 周内都可以食用。

草莓牛奶酱

材料（方便制作的分量）

草莓…1 盒（约 300g）　生奶油…100 毫升　甜菜糖…大汤匙 3 勺

制作方法

1. 将草莓去蒂、切碎，放入锅中，糊满甜菜糖后静置 1 小时。
2. 待草莓出汁后，开火加热 5 分钟，煮至甜菜糖溶解。
3. 一点点地加入生奶油，再用小火收汁，注意不要烧焦。

3 月 的 准 备

生活

3 月从日常生活方面来说，也是配合新学期购置物品、辞旧迎新的月份。
在紧张忙碌的生活拉开帷幕前，准备好迎接新生活的物品，能获取不少安心感。

整理一年间的作品

我会在春假里，通过细致整理照片与其他作品，感受孩子们的成长。这正好也是孩子们会从学校或托儿所带回作品的时节。我为每人准备一个二十页的文件夹，每年都会在其中插入精心挑选的画、信或是作文。一年里设立专门的一天用于回忆、梳理，有助于孩子们构筑更美好的心态去面对新学期。与孩子们一边整理，一边回忆当时的种种，稍记备忘，保存起来也不失为一桩美事。

新置睡衣与贴身衣物

　　每年 3 月，我都会重新购置春夏穿着的家居服与内衣。家居服与内衣各两套，袜子四双。每天洗濯的情况下，这个数量正合适。它们要么穿在身上，要么就是清洗、晾晒中，因此也不需要占用收纳空间。而上一季所穿的两套家居服则作为备用，放在衣柜深处保管即可。来不及晾干时，也能沉着应对，非常安心。每天交替穿着，半年后重新购置。内衣分为无袖背心和短袖 T 恤，区别于长袖家居服。

主食

祈愿孩子们幸福、健康的餐桌。

手球寿司可以和孩子共同制作。

味噌汤里的蛤蜊，贝壳成对，寓意"恩爱夫妇"。

手球寿司

材料（6 个）

白米饭…350 克　甜醋…大汤匙 2 勺　喜爱的刺身（三文鱼、扇贝、墨鱼、鲑鱼子、金枪鱼、鲷鱼、针鱼等）…适量　喜爱的配菜（嫩豌豆、花椒嫩芽、柠檬、青紫苏叶、海苔等）…适量

制作方法

1. 在钵形碗内加入白米饭、甜醋，搅拌均匀，制成醋饭。用团扇将醋饭冷却至出现光泽，分成 6 等份。
2. 使用保鲜膜包住醋饭团，一个个地捏成球形，摆入盘中。
3. 展开保鲜膜，将刺身分别放到各个饭团上，再度揉捏使饭团成型，最后点缀配菜。
※ 购齐喜爱的刺身可以轻松制作刺身拼盘。

配菜

春天会有很多新鲜食材上市。
其中，嫩洋葱最为水嫩嫩、甜滋滋，咬起来爽爽脆脆，非常美味。
将洋葱制成沙拉可以尝到它本真的味道。

嫩洋葱沙拉

材料（方便制作的分量）

洋葱…半个　鲣鱼片…适量　橘醋…适量　蛋黄酱…适量

制作方法

1. 将洋葱切成薄片，充分浸水。
2. 沥掉水后，将洋葱放在碗中，盖上蛋黄酱与鲣鱼片，吃时再倒上橘醋。

点心

艾草等草本植物的苦味，能唤醒因为冬天而变僵硬的身体。
尤其要数艾草，营养价值极高，艾草还是值得期待的排毒食材。

艾草青团

材料（12 份）

团子粉…3 小杯　艾草叶…成人双手轻轻一捧的量　小苏打（食用型）…小汤匙 1 勺　黄豆粉、红豆馅…按个人喜好

制作方法

1. 在锅中放入洗净的艾草叶、足量的水以及小苏打，开火加热，煮至沸腾后沥干水分。
2. 将艾草叶倒入钵形碗或是榨汁机，磨碎。
3. 在团子粉中渐渐地加入热水（不定量），同时将其揉捏，直至耳垂一般的柔软度，然后滚成棒状。
4. 在锅中煮足量热水，沸腾后将棒状物切成小段下锅，待团子浮起，捞出沥水（可尝试割开内部，熟透即可）。
5. 在钵形碗中放入艾草末与团子，搅拌均匀，使其成青色。
6. 手稍沾水，将青团揉成圆形即可。艾草青团可直接裹上保鲜膜冷藏保存，也可滚上喜欢的黄豆粉或包入红豆馅享用。

挑选书桌

因为家具都是胡桃木制的，所以也想把书桌统一颜色。专用学习桌的使用时间非常有限，这张的话，女儿即使毕业了也能继续使用。

书包放在视线高度的地方，就可以站着取出和放入。

书包下方则按科目收纳各科书籍。这样一来，分配学习时间时，思路也更为明了。

打开小门，就拥有了学校课桌大小的空间。书桌还配备两个插头，可以使用台灯和电脑。

我选择将一张写字台作为孩子的书桌。关上桌面的小门后，孩子的文具即使零乱，也不会出现在视线内，有着不必让我唠叨"收拾整洁"的效果。仅仅约定好"睡前记得把书桌门关好哟"，剩下的就交给她本人处理。当物品越来越多，门也开始关不上的时候，就意味着该好好收拾了。等到那时，我就下达指示，一起整理。

孩子不使用的时候，它也被我用作工作台。无论是做一些缝纫工作，还是使用电脑，它都是正合适的大小。

3月例事

我时常会把它当作缝纫台使用。最近还在计划等女儿毕业后将它完全作为我的工作桌使用。

制作新学期单品

室内鞋蝴蝶结

孩子在 4 月开始上课，我希望她在新班级里度过愉快的生活，所以会在空闲的春假期间施一点让她兴奋的"小魔法"。比如，在普通的室内鞋上，用布缝制两个小小的蝴蝶结，这样一来，鞋子不容易穿反，看上去也十分可爱。

小学生必不可少的小挎包也能轻松缝制，比起直接购买，自己缝制更为实惠。顺便还能用多余的同款布料做纸巾包。在外出次数逐渐增多的春天，我会开始准备这些手工单品。

小挎包

蝴蝶结饰品的制作方法

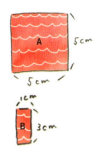

1. 将布分别剪成图示 A、B 大小。

2. 各自对折缝边。

3. 将 A 翻折后，缝上两边。

4. 将 B 翻折，捏住 A 中央使其呈蝴蝶结状，以 B 固定，缝制成型。

纸巾包

4月
卯月

心生暖意的4月

　　4月是溲疏花盛开的季节，所以也被唤作"卯月[1]"。在明媚晴朗的天气，以油菜花为首，各式各样的花花草草开始争芳斗艳。4月8日有"花祭"活动，人们还会在这天庆祝释迦牟尼佛的诞辰。

　　接着，樱花蕾开始逐渐绽放成浅粉色的小花，随后每天都变换出不同的姿态，直到盛开，这个过程让我充满心动的期待。樱花盛开时可以结伴前去赏花，一年里这一两次赏花可是和亲密朋友聚会的绝好时机。在暖洋洋的日子里，带上地毯和便当，懒洋洋地在樱花树下享受花瓣飞舞的午餐时间，这是何等奢侈啊。真是春意浓。每年樱花一盛开，我们就会因为向往阳光而出门，这也是春天才有的心情。我最喜欢温暖、花红柳绿的4月。有许多食物只在这个时节才能吃到，这也是春天的象征。蜂斗菜芯、油菜花、艾草……当季的绿色食物散发着大地的清香，努力呼吸这样的气息，在家工作也是件幸福的事。

---

1 编者注：溲疏花的日语表达为"卯の花"。"卯月"从"卯の花月（うのはなづき）"省略、转用而来，意指"花开的月份"。另外，在日本，4月也是栽种稻子的月份，因此也有"种月（うづき）""植月（うゑつき）""田植苗月（たうなへづき）"和"苗植月（なへうゑづき）"的说法，日本南部也有"夏初月（なつはづき）"的说法。

牢记值得庆祝的日子

这是孩子们开始新学期的一个月。春天也是充满新邂逅的时节。虽然会对新生活产生不安，但一旦交到新朋友，那份不安就会转变成喜悦。促成这种转变则是为人父母的责任。但父母也要谨记"自己完成！"这句教诲，为了让孩子独立，应该稍微站在远一点的位置静静守候。所谓"親（父母）"，正是写作"木の上に立って見る（站立在树木上观望）"，我想要尽量少地插嘴、插手，培养出能独立思考、行动的孩子。

在我家，4月里最大的活动就是女儿的生日庆祝会。家人聚齐一堂为她庆祝，这样的事情还能有几回呢？这样一想，我就觉得寂寞不已……等她长大成人，比起与家人相聚，她与朋友聚集在一起庆祝会更为平常，就像我自己一般。因此，现在的我想要尽力为她做力所能及的事，赠与她此刻的欢乐。

新年度的第一天，是每年的新同事来公司报到的日子。我自己也会带着崭新的心情去上班。

为生日的主角戴上皇冠、穿上礼裙庆祝。回想前一年的这个日子，感受年长一岁的喜悦，今天是一年一度的期待日。

4／1

4／某日

4月日常

食

除了一睹樱花的芳容，嗅其芬芳也是一大乐趣。

樱花还可以用来泡茶、制作点心。

在我家，为了让春天停留得更久，会选用盐来保存樱花的香气。

材料（方便制作的分量）

樱花…100 克　盐…20 克（樱花重量的 20%）
粗盐…适量　醋…适量（没过樱花的程度）

制作方法

1. 仔细洗净樱花，沥干，再用厨房纸拭去多余的水分，撒盐。
2. 将樱花倒入保存用的容器，封上保鲜膜后压上重物（例如灌水后绑紧的塑料袋），静置 1 天。
3. 隔天拭去花瓣上沁出的水分，以画圈的方式滴入醋，直至没过樱花，然后腌渍 1 周。
4. 1 周后，将樱花敷在竹编镂空网上，阴干 2～3 天，让水分蒸发。阴干后撒粗盐，然后轻轻搅拌即可。盐渍樱花放入消毒后的容器中可保存 1 年。

盐渍樱花

盐渍樱树叶

材料（方便制作的分量）

樱树叶…100 克　盐…20 克（樱树叶重量的 20%）　醋…适量（没过樱树叶的程度）

制作方法

1. 在扁平容器中摆上樱树叶，倒入热水，待颜色固定。随后用厨房纸一枚一枚地拭去叶子上的水汽。
2. 将樱树叶移入容器，撒上盐，摇晃容器后，以画圈的方式滴入醋。
3. 将樱树叶和醋移入密封的保鲜袋，排出保鲜袋的空气后放置 3 周即可。盐渍樱树叶在冷藏状态下可保存 1 年。食用之前，将樱树叶浸水 30 分钟左右后拭去表面的盐。

4
月
的
准
备

生活

通过每天的观察、养护、栽培，爱意会生根发芽，养植物是如此，育儿更是如此。
默念着"快快长大，快快长大"，一天天地体会他们的成长带来的喜悦。

播种与栽培

在日渐温暖的 4 月播种，种子的成活率会更高。现在是很适合新手尝试的季节。

只要备好带孔容器、泥土、石头，就能在自家阳台种植作物。在塑料瓶的瓶盖上打几个孔，简单的浇水壶就制作完成了。浇水等简单的部分交给孩子们去做，等到植物萌出新芽，亲子就能一起感受喜悦了。

我家试着种过红紫苏。到初夏之时，叶片就会长得繁茂，用来腌渍梅子、做紫苏露都很合适。

自己播种栽培作物，从发芽、成长、收获到食用，品味这个过程是非常珍贵的体验。

（三个月后）

清洗羊毛制品

若是遇到持续的温暖的晴天，我就会保养一下冬天使用的披肩。披肩不必特地拿去洗衣店，在自家水槽就能清洗好。我所使用的是能用来清洗羊毛及羊绒的 PAX NATURON 液体肥皂。将水槽的排水口用塑料袋封住，在水槽中注入 30℃的温水，用按压的方式温柔地清洗披肩后，用清水仔细漂洗干净，随后用洗衣机脱水。阴干后，小心保管到来年冬季。除披肩之外，羊毛、羊绒质地的毛衣也可以在自家清洗。衣服如果留下食物残迹，很可能会被虫蛀，大家一定要细致检查。

主食

我老家的庭院里有一片小竹林，每年都能挖出不少竹笋。

那些外皮浅黄、手感粗糙的竹笋，实际上鲜嫩美味。

表面泛黑的光滑的竹笋则口感较硬，挑选时可以以这个为基准。

将竹笋去涩时，需要在其带皮时竖着切开，然后和一杯米糠、一根朝天椒一起在足量的水中煮一小时左右。

竹笋焖饭

材料（方便烹调的分量）

白米…450 克　竹笋…1 根　高汤包…1 袋　盐…小汤匙 2 勺

烹调方法

1. 将竹笋剥去外皮，切成方便食用的大小。淘米。
2. 将所有材料倒入砂锅，倒入 540 毫升（不定量）清水，焖煮即可。在焖煮过程中，若是汁水溢出，则换成小火（比平时多焖 5 分钟左右）。

配菜

虽然平时不会一次买整棵卷心菜,但因为春天的卷心菜实在是柔韧又甘甜,我忍不住买了整棵。
煮熟后,卷心菜体积就变小了,让人不知不觉就吃个精光,这便是春天里卷心菜的魅力。

春日卷心菜炒墨鱼足

材料(2人份)

墨鱼足…300 克　卷心菜…半棵　蒜蓉…1 瓣的量　酱油…小汤
匙 2 勺　盐…适量　芝麻油…适量

烹调方法

1. 将卷心菜切成大块,将墨鱼切成适宜食用的小块。
2. 用芝麻油热平底锅,炒蒜蓉,炒香后加入墨鱼足。
3. 用小火将墨鱼足炒至变色,加入卷心菜稍稍翻炒,加盖焖 2 分
钟左右。随后加入酱油与盐即可。

点心

明明是普通的红豆馅糯米团,仅仅因为卷上樱树叶,就有了如此丰盈的味道。
稍稍掺入的咸味,更能突出红豆馅的香甜。

樱花团子(道明寺[1])

材料(方便制作的量)

糯米…150 克　红豆馅…依照个人喜好　盐渍樱花的汁水(参
照第 30 页)…适量　盐渍樱树叶(参照第 30 页)…适量

制作方法

1. 在砂锅中加入淘洗后的糯米与 360 毫升清水(不定量)焖煮。
2. 将糯米煮熟后,轻轻捣至保留米粒的状态。
3. 在糯米中加入盐渍樱花的汁水,搅拌,将糯米稍稍染成浅
粉色。
4. 将红豆馅滚成一口大小的团子,裹上糯米,调整形状。
5. 将樱树叶浸水 30 分钟左右后,拭去表面盐粒,将团子包裹
起来。

---

1 编者注:道明寺樱花团子,指的便是关西风味的樱叶糕。道明寺粉是将糯米泡水、蒸制后晒干,再粗磨出来的颗粒状米粉,最初源自大阪
府藤井寺市的道明寺,所以用"道明寺"命名。

制作派对道具

从孩子们的旧衣上剪下的碎片经过简单连接后，就"变身"为彩旗拉花。再稍稍装饰一下，派对的氛围就能直线上升。

　　整理秋冬衣物时，想到今年正好合身的长袖衫明年一定穿不上了，就将它们裁制成短袖。首先用剪刀裁下一截袖子，再将裁剪后的袖口缝上一圈，转眼就做出了夏天能穿的短袖衫。

　　剪下的那截袖子还可以制成派对用的装饰小道具。首先将袖子剪成三角形，再将三角形的布逐次缝制于缎带之上，彩旗拉花就完成了。每当看见这条彩旗拉花，我就会想到"孩子曾穿过这件衣服呢"，孩子也会回想起这是穿过的衣服，"啊！"地露出惊喜的表情。储存一些不再穿的衣服，还能在彩旗拉花的颜色和样式上变换花样。

利用在手工店购买的毛毡和在百元店购买的绢花，就能瞬间做出孩子的"皇冠"。图上这款仅仅使用了粘布用的胶水。

将长袖衫改造成短袖。将余下的布也利用上则不会浪费。注意：裁剪成等腰三角形的话，便能制成更协调、对称的彩旗拉花。

4 月 例 事

半裙改造

　　每过一年，孩子们的衣物通常会变得不合身。我想，布料还不显旧，明年说不定还能穿，就这样收纳一整年……结果到季节了，孩子一试穿，手腕、脚腕就露了出来，这样的情况还真不少见呢。尤其常见的是，孩子们身高增长后，连衣裙就骤然短了。

　　在这种时候，我会选择狠心地一剪刀将它改造成半裙。面对喜爱的衣物，总想穿得更久些，而通过这种方式，衣物可以再多穿一年。这也不失为一种节约方式。

　　所谓"改造"，也是告诉孩子"珍惜衣服，衣服就能穿得更久"这个道理的重要方式。

改造方法

1. 沿裙腰线上方 4.5 厘米处将裙子剪开。

2. 将上沿卷边，缝入松紧带。

立夏

5月5日，夏日伊始，时光走到了立夏。

因为此时爽朗的气候，与其说是夏天，更像是暮春。

灌溉后的田地里，青蛙们像是呼喊着『久等了』一般，开始呱呱鸣叫。

公园里的绿意更浓一层，怡人的微风，轻轻拂过草木，现在是待在室外也十分舒适的季节。

5月还是紫外线较强的时节，像是告知大家，夏天要拉开帷幕了。

如此这般，春日已至尾声。

在这个时节正好能品尝 4 月里制作的盐渍樱树叶。

樱花团子亦能尝到。母亲和我并排站在厨房里，说道："虽然世上有着各种各样的制作方法，但千万要记住我们家的团子的味道哟。自家做的樱花团子，虽然看起来不如外面卖的团子那般粉粉的，但也没问题。自然的颜色可是更浅的呢。这才是它本真的模样。"

对于从母亲那儿听来的这些话，不知为何，我十分赞同。

无论其他人用了怎样的方法，我们家有我们家自己的方法。

像这样年复一年地做着，那个味道就会变成家的味道，变成心中的樱花团子的味道。因此，虽然我也惊讶于自家的和外面贩售的樱花团子的差异之处，但母亲做的樱花团子那被我熟记于心的味道，对我来说格外美味。

如果去商店里买现成的樱花团子，这份来自母亲的心意就无法传达下去。我觉得将这份代代相传的味道告知孩子们是我的责任。

在温暖的晴天里，吃着樱花团子，慢悠悠地度日。

用铁壶烧沸的白开水泡盐渍樱花，可以制成樱花茶。这把铁壶是娘家那边送的。

前段时间回老家探亲时，看见母亲爱用已久的铁壶，不禁问道："这个好用吗？"母亲便回答说："当然好用，还有利于摄取铁元素呢。热开水的味道也会变得更浓，真是不可思议。"

"不过，这个不能给你哟，我可喜欢了。"母亲这样说道。我不由得有些遗憾，谁知道接着就不知母亲去了哪儿。

"这个怎么样？虽然有些小，但这是你曾祖父以前用的，可以送你哟。"

她从房间深处找来这把小壶，送给了我。这便是现在这把铁壶的由来。虽然铁壶里面有些生锈，但仔细处理之后，铁壶看上去还能用很长一段时间。虽说新品当然很好，但像这样长期使用后再传到我手里的物品，总是让我忍不住有些自豪。

我也要多加珍惜地保养爱用的物品，为了等孩子们长大成人后向我说"想要"。

就像代代相传的食谱一般，这些爱用已久的物品，我也想传承下去。

5月

皋月

绿意灼目的5月

　　漫山遍野的绿意如此灼目，有些日子甚至可以穿上短袖了，微风也舒适怡人，这是被晴天眷顾的5月。相传"皋月[1]"的"皋"，指的是"供奉神明的稻穗"，表示这个月是耕作水稻的时节。这个时期，种田自不必说，种植的夏植蔬菜也非常繁盛，田地里可是忙活一片呢。阳光日渐耀眼，农作物沐浴着充足的日照，急速苗壮地成长。

　　去公园游玩时，便看见附近绿油油的青草地里长出了许许多多可爱的小白花。摘下一些三叶草，为孩子们制作花环也非常快乐，心情就像变身成花精灵一般。我一边转动三叶草，一边缠绕枝丫，看着与自然亲密接触的孩子们，为人母的心意沉甸甸地翻涌上心头，我好想教给她们更多事情啊。她们时而听见荠草枝叶碰撞、歌唱，时而轻轻吹动蒲公英的绒毛，时而醉心于寻找四叶草。孩子真是玩乐的天才。一点点启示就能让万物成为他们的玩具，让他们拥有改造事物的灵感与力量。

---

1 编者注：5月是稻子发芽的月份，最早的称呼是"早苗月（さなへつき）"，在日语语法变化中，"さなへつき"被改为"皋（さつき）"，另外5月也是菖蒲开花的月份，因此，5月也有"菖蒲月（あやめづき）"的别称。

儿童是儿童节的主角。大人也能趁此机会重拾童心，整日和孩子尽情玩耍。哪怕只是去公园里追逐一下，也觉得乐趣十足。

ままへ
だいすきだ

在母亲节，所有家务都交给丈夫与孩子。仅仅是让孩子们感受到"妈妈做事真辛苦啊"，就让我觉得很幸福。

与季节适应的精致生活

在儿童节，可以用端午的象征——将来会盛放出美丽小紫花的菖蒲叶——作为入浴剂泡澡，洗净身体。

菖蒲可以祛除病气与邪气，有着特殊的力量。每到这个时节，我家也会去超市购买菖蒲（哪怕只是买一点点来感受气氛）。我老家庭院里就长着菖蒲，所以我以前从来没想过要去外面特地买。不过，为了告诉孩子们民俗之中蕴含的真意，最近每年都会准时去购买一些。

说到儿童节，就不得不提到柏饼。据说柏树叶即使在秋天枯萎了，在来年春天柏树发出新芽前都不会落下，柏饼因此引申出了"香火相传"的意义，于是大家为了讨个好兆头，开始吃柏饼。先人们对季节变换的敏感，真是让我油然生敬。

5月日常

39

食

嫩姜的水分充足，辛辣感醇厚、稳重。

虽然生姜更多地用于佐料或是提鲜，但嫩姜因为香味独特、浓烈，可以直接食用。

醋腌姜片

材料（方便腌制的量）

嫩姜…1袋（120克）　甜醋…适量（灌满保存容器的分量。我家是使用150毫升醋和50克甜菜糖做的）　蜂蜜…大汤匙3勺　盐…适量

腌制方法

1. 将嫩姜用切片器具切成薄片，抹上盐放置30分钟左右。
2. 在锅中倒入水，烧沸，将姜片使劲拧过后，放水中煮5分钟左右。
3. 将姜片倒入漏网中，滤去水分后，用手心再将姜片使劲拧一次，放入保存容器后加入甜醋。
4. 以画圈的方式滴入蜂蜜，将容器放入冰箱冷却。2~3天后即可食用。

生姜露

5 月 的 准 备

材料（方便制作的量）

嫩姜…1袋（120克）　柠檬…1个　甜菜糖…100克　水…160毫升

制作方法

1. 仔细清洗嫩姜后，连皮一同磨碎。
2. 在锅中放入嫩姜、甜菜糖，加水后煮10分钟左右。这一过程中若是出现浮沫，则将浮沫轻轻撇出。
3. 在钵形碗上放置漏网，敷上厨房纸，将锅中的姜水倒在纸上进行过滤。
4. 切半个柠檬，将柠檬水挤在钵形碗中，待冷却后，将混合的液体灌入消毒后的玻璃瓶中。之后仅仅是加入碳酸水冲兑，就能轻松制作出姜汁苏打水。

生活

5 月里，持续的晴天十分适宜出游。

周末能免费休闲的去处也不少，可以轻松出门。

例如公园，对于玩乐天才的孩子们来说，那里简直是最棒的主题乐园。

（平日）

（野餐）

用珐琅容器代替便当盒

　　我家没有准备野餐专用的大便当盒。日常不会用到的出游便当盒由平日里保存常备配菜的野田珐琅盒代替。使用密封盖后，只要不倒入汤汁，将珐琅盒带出家门也毫无问题。因为能放入冰箱冷藏，它比塑料便当盒的保鲜效果更为出色。浅型长方体 S 号可以放入三明治等主食以及一些配菜，深型长方体 L 号则可以放入水果和点心，正好可以带两个成年人、两个小朋友的食量。

（平日）

（野餐）

将置物篮作为便当篮

　　平时收纳日用品、逛街用的置物篮，被我宝贝至今，在去公园野餐时，又能用作便当篮。在便当盒内放入冰袋，再带上保温杯、地毯，野餐套装便准备好了。

　　开始极简的生活方式后，我们舍弃了许多物品，购买物品时也变得更为慎重了。正因为养成了习惯，选购多用途且设计简约的商品，才能像这样使用平日里有其他用途的物品，享受野餐的乐趣。

野餐

用冻蜜橘和冻毛豆代替冰袋，到野餐时间，便当都能保持冰鲜。
在便当盒内放入三明治、芦笋培根卷等能用手抓着食用的料理。

鸡蛋三明治与金枪鱼三明治

材料（4 人份）

鸡蛋三明治： 三明治用吐司…4 片　青菜叶…4 片　鸡蛋…2 个
蛋黄酱…大汤匙 2 勺　砂糖…小汤匙 1 勺　盐…1 撮
金枪鱼三明治： 三明治用吐司…4 片　金枪鱼泥…1 罐　洋葱…
1/6 个　青菜叶…4 片　蛋黄酱…大汤匙 2 勺　盐、胡椒粉…少许

制作方法

1. 制作鸡蛋三明治。将鸡蛋煮熟后剥壳，切成小块，加入蛋黄酱、
砂糖、盐搅拌。
2. 在吐司上覆盖青菜叶，再将搅拌后的食材倒于青菜叶之上，做成
三明治。切成适宜食用的大小，鸡蛋三明治完成。
3. 制作金枪鱼三明治。将洋葱切碎，浸水后，滤去水分。
4. 将金枪鱼泥、洋葱、蛋黄酱、盐、胡椒粉混合搅拌。
5. 在吐司上覆盖青菜叶，再将搅拌后的食材倒于青菜叶之上，做成
三明治。切成适宜食用的大小，金枪鱼三明治完成。

在树荫下的草地上，铺开地毯，一起吃的便当果
然格外美味。因此，即使是孩子们平时抗拒的蔬
菜，她们也会乖乖吃掉。

炸鸡块

材料（4 人份）

鸡肉泥…250 克　鸡蛋…1 个　小麦粉…大汤匙 3 勺
酱油…大汤匙 1 勺　蛋黄酱…大汤匙 3 勺　盐、胡椒粉…
少许　油…适量

制作方法

1. 在钵形碗内放入油之外的所有食材，用手搅拌混合。
2. 将搅拌后的食材放入塑料袋中滚成棒状，放入冰箱冷
冻 3 小时左右。
3. 冷冻至菜刀轻松切断的硬度后即可取出，切成小厚片。
4. 将油倒入平底锅，烧热，将小厚片煎至焦黄色即可。

芦笋培根卷

材料（4 人份）

培根…3 片　芦笋…6 根　盐、胡椒粉…少许

制作方法

1. 将芦笋放入盐水中稍煮片刻后捞出，根据培根宽度，将芦笋切成长度适宜的小段。
2. 将培根对半切开，将每块卷上两段芦笋，卷好后，插入牙签固定。
3. 不使用油，稍稍热锅后，煎芦笋培根卷，随后轻轻撒上盐与胡椒粉。

海苔土豆

材料（4 人份）

土豆…中等大小 1 个　海苔…适量　盐…适量　色拉油…大汤匙 1 勺

制作方法

1. 将土豆去皮，切成适宜食用的大小。
2. 将土豆块用保鲜膜轻轻包住，放入微波炉，用 600W 的功率加热 5 分钟左右。
3. 在平底锅内滑入色拉油，烧热，将加热后的土豆块翻炒至焦黄。
4. 将焦黄的土豆块放在餐巾纸上，均匀撒上海苔与盐即可。

整理玩具

将这款在 NOTORI 购买的箱子作为玩具收纳箱。它的魅力点是设置了提手洞，即使是孩子也能搬动和放置。

一天有两次整理玩具的好时机：早上出门前以及夜晚睡觉前。这样的话，即使玩耍的时间飘忽不定也没问题。"差不多该睡觉了哟。"这样招呼她们一声，我再迅速将房间内的玩具收入箱子。

我家孩子啊，从托儿所和学校回来后就开始玩玩具，睡前还会一边互相说着"明早再玩哟"，一边收拾玩具。早晨若是有空余时间，她们便会玩上一会儿。收纳玩具的箱子有四个，但并没有进行细致的分类。只要合上盖子，便万事 OK。比起执着于"哪个箱子里放什么"这个问题，我现在更看重她们养成收拾的好习惯。

收纳玩具时不再追求分类明确，而是粗略地堆放。即便如此，诸如裁缝类、文具类、玩偶类、模拟烹饪类等玩具，也会被不知不觉地按类别收在一起。

5
月
例
事

制作玩具

鲤鱼旗玩具

让孩子们摒弃"购买玩具"这一想法后，今后不再需要那些玩具时，也能痛痛快快地"断舍离"。利用废物和多余的布进行制作，花费几乎为零。不过，既然要做，我还是想做成能让孩子们着迷甚至具备其他用途的玩具。

例如，能让她们练习扣扣子的鲤鱼旗玩具，就能在一定程度上帮助她们满足自己想要换衣服的憧憬。除此之外，通过牛奶盒的再利用，也能制作出一些提高手指灵活度的玩具。例如陀螺、嗷呜玩具等，能锻炼她们对手指的操控能力，以此提升她们握铅笔和筷子的力量。

陀螺

嗷呜玩具

嗷呜玩具的制作方法

1. 剪去牛奶盒的尖顶。

2. 撑开边缘，沿线所示向内折入。

3. 以图示手势抓起牛奶盒。

4. 为它画上眼睛和耳朵。

6月

水无月

收获之雨降落的6月

　　迎来梅雨的6月也被写作"水无月[1]"，但它并非"无水之月"的意思，反而是"水之月"。正如这个意思，年历上6月11日左右便开始连日梅雨，唤作"入梅"。这天实际上是气象局公示"梅雨季通知"的日子，日期并不一定，但梅雨之时往往伴随着升温现象与浓重湿气，很容易感染霉菌和导致食物中毒，因此，梅雨季节是必须慎重地管理进食的时节。不过，托高温与雨水的福，果实也开始生长与成熟。6月里，代表性的果实是梅子，据说，这个时期的雨正因为促成了梅子的成熟，所以被唤作"梅雨"。

　　更幸福的是，充沛的雨水润泽大地，附近庭院里的紫阳花也进入了盛放期，粉粉紫紫，绚烂动人。每年进入这晴天鲜少的梅雨季，我虽然会被浇灭一些兴致，但只要注意到雨滴在浪漫的紫阳花上，便不由自主地承认，这也别有一番雅致。

　　现在只要梅雨季来临，我便会在家做一些与梅子相关的趣事。听着"滴答滴答"的雨声，悠然自得地动手体验，这也是我十分喜欢的时刻。

---

1 编者注："水无月"这一说法的来源仍有争议，日本人主要使用"水月（みなづき）"这一说法。6月是梅雨季节，田间也需用水，也有"水张月（みづはりづき）"的说法，在这个季节种植水稻时将水排出，就有了"皆仕尽（みなしつき）"的说法，可能以此引申出了"水无月（みなづき）"的说法。

当蔬果店开始贩卖青梅时，我便开始与梅子相关的酿制。摘蒂这样的小事还能拜托孩子们一起帮忙。每到此时，家中都弥漫着梅果的清爽香气。

享受雨天

进入 6 月，超市里也会摆上许多青梅。过去我常常想着"青梅？用来做什么啊？"，索然无味地径直穿过那些货架，但自从尝过自家制的梅子露的味道，我变得每年都非常期待这个季节。将梅子露冲兑一些碳酸水，就能做成自家制的能量饮料。在这郁郁寡欢的闷热之日里，咕噜咕噜便能喝下整杯。这让身心都无比满足的味道，使我上了瘾，每逢梅雨季，我都会分三次制作梅子露。我焦急地盼望着，"还没有好吗？还没有好吗？"，偶尔偷偷尝尝味道（笑），酿制的梅子真是美妙又美味。

若是孩子们因为连日雨天而兴致索然，我便会邀请她们"一起来做晴天娃娃吧"。在雨天往往很悠闲，比起纸巾，我会选择用多余的布来制作，实现更高的完成度，其中的欢乐也更胜一筹。如此，可爱动人的晴天娃娃就诞生了。

连日降雨时，就用多余的布和扭蛋外壳制作晴天娃娃。饰以彩绘和蝴蝶结，可爱之物就诞生了。

6 月 日 常

食

橘色的南高梅散发着桃子一般的香甜。

这清爽的果香在屋子里散发着。

品味这香气之余，还能腌制梅干、梅酱油、甜醋腌梅等，在梅雨季的尾声到来前，尽情地享受各项制梅的乐趣。

材料（方便制作的量）

南高梅…1 千克　红紫苏叶…1 袋（约 30 片）　盐…100 克
食用明矾…小汤匙 1 勺　蒸馏酒（烧酒亦可）…少许

制作方法

1. 清洗南高梅后，泡水 3 小时左右去涩。

2. 将南高梅置于筛网上，仔细擦拭，晾干。

3. 在可用于腌制的容器中放入南高梅、盐、食用明矾、蒸馏酒，稍稍搅拌，压重物于容器之上，再将容器放入冰箱冷藏至梅汁渗出。

4. 汁水渗出时腌制完成，移开重物，覆盖上抹满 2 大勺盐的红紫苏叶，待南高梅染色后即可。

※ 嗜甜者可尝试在步骤 3 中加入 500 克冰糖，做出来的味道会十分美味。

脆脆梅

梅子露

材料（方便制作的量）

青梅…1 千克　冰糖…1 千克　醋…少许

制作方法

1. 将青梅去蒂后轻轻冲洗，用布仔细拭去表面的水分。

2. 在保存容器中交替加入青梅、冰糖、醋，将容器放置于阴凉之处。

3. 每天摇晃一次保存容器，确保每颗青梅充分接触冰糖。待冰糖融化即可。

※ 冲兑碳酸水或酒都很合适，除此之外，制成梅子果冻（图中为 4 份）也十分美味。梅子果冻的做法：在锅中加入水（350 毫升）与寒天粉（5 克），开火煮融，直至沸腾，转为小火，收汁 1 分钟左右，加入梅子露（150 毫升），混合搅拌。将汁水倒入容器后放入冰箱冷藏，待其凝固后即可。

6 月 的 准 备

生活

实惠、环保、多用途。
以往的一些生活小智慧，装点着每一天的生活。
我想将这些美妙的知识，通过日常生活自然而然地教与孩子们。

用醋抹抹便当盒

  阴郁的梅雨时节，食物中毒是一个大隐患。在我家，为了防止食物变质，除了众所周知地充分冷藏食材之外，在将食物装盒之前，还会用纸巾蘸一些醋，轻轻擦拭一下便当盒内侧。放置 1 分钟左右，醋的气味便会迅速消失。烹煮米饭之前加入一些醋也是一种有效的方式（300 克米对应 1 大勺醋）。

  除此之外，木质或是竹质的便当盒也能避免水分淤积，比起铝制的或是塑料制的，更能防止食材变质。木质便当盒用得越久，越会散发好闻的气味，用来相伴漫长岁月再合适不过。

用小苏打对付湿气与异味

  对付湿气与异味，小苏打是最方便实惠的"武器"。在空瓶子里加入小苏打，盖上纱布，用麻绳绑好以避免洒出，将瓶子放置在感觉有异味的地方，不知不觉地，异味便消失得无影无踪，真是不可思议。另外，用纱布包裹小苏打，能制成小苏打球，雨天外出归来后，仅仅将它放入长靴之中，隔天靴子就能回归干爽状态。小苏打球的吸水能力，我可算是见识到了。

  小苏打球大约可以重复使用 1 个月，待到梅雨季结束，还能代替浴盐用于泡澡，实惠又多用，从头至尾都发挥着不俗的用途。小苏打在我们家是不可或缺的。

主食

芦笋上市的季节是 4 ~ 6 月。

秋冬天的芦笋多是国外产的，我一般不会选择购买，但是一到春天，市场上便贩卖着许多柔软细嫩的日本产芦笋。

把它们蒸熟后，仅仅是撒一些盐，味道就十分甘甜。

芦笋火腿饭团

材料（9 个）

白米…300 克　火腿（香肠）…5 根　芦笋…2 根　颗粒状清汤底料…小汤匙 1 勺

制作方法

1. 用砂锅淘米，随后加入 360 毫米水进行蒸煮。
2. 用盐水煮芦笋后，将芦笋切成 5 毫米长的小段，将火腿切成边长 1 厘米左右的正三角形。
3. 趁米饭是热烘烘的状态时，将米饭与清汤底料、芦笋、火腿揉捏在一起。
4. 将揉捏好的饭团分成 9 等份，捏成喜欢的形状后即可。

配菜

与西太公鱼十分相似的鱼——银白鱼，油炸过后，骨头也能一起食用，是饱含钙质的优质食物。这种鱼的价格也很实惠，我经常在捕获旺季购买。

酸渍银白鱼

材料（方便制作的分量）

银白鱼…1盒（约10条）　小番茄…1盒　洋葱…1/4个
青椒…1/2个　红椒…1/2个　片栗粉…适量　甜醋…150
毫升　蜂蜜…大汤匙2勺　盐…适量　油…适量

制作方法

1. 将银白鱼撒上少许盐，抹上片栗粉，放入热油中炸。
2. 将洋葱切成薄片，将青椒和红椒切成细条，放入容器中，再将银白鱼摆在其上。
3. 在容器中滴入甜醋，再以画圈的方式滴入蜂蜜。
4. 将小番茄对半切，装入容器，腌一天以上即可。

点心

我年幼之时，自家是种植蜜瓜的。
因为看着蜜瓜长大，我养成了能辨认美味蜜瓜的眼力。
每年从农村里分来成熟度最完美的蜜瓜，有着在市场上买不到的滋味。

蜜瓜宾治

材料（方便制作的分量）

蜜瓜…1/2个　喜爱的水果（草莓、樱桃、菠萝、蓝莓等）…适量　汽水…适量

制作方法

1. 用勺子将蜜瓜一块块挖出，拿蜜瓜皮作为容器。
2. 在切成适宜食用大小的水果和挖出的蜜瓜果肉上淋些许汽水，稍稍混合，放入蜜瓜皮容器即可。

家务教育

第一次缝纫时，用准备好的白布和红线试着缝制抹布。"要小心针尖哟。"这样招呼孩子，陪着她一针一针地缝。

室外没能晾干的衣物用干燥机烘干，然后教与孩子折叠衣物的方法。坐在对面教很轻松——"正坐时要用膝盖发力哟"。

6
月
例
事

　　周末如果碰上雨天，就不要执意出门，这是教孩子做家务的大好机会。例如使用干燥机后，教她们折叠烘干的衣物，说这是绝妙时机也不夸张。对大人们来说稍嫌麻烦的家务，对孩子们来说，与其是要帮忙做的，更像一种新的玩乐途径。

　　缝纫是成长和老去的智慧。我年幼时，经常会坐在一旁看外婆和母亲缝纫。由于我的父母过去曾在缝纫厂工作，缝制衣物对我来说也是小菜一碟，所以我也能教孩子们做针线活儿。我还想将来教她们缝纫机的使用方法，希望有朝一日，她们能通过自己的双手，缝纫出想象中的服装。

在家中发现乐趣

读书

　　雨天是缩短亲子距离的时机。我的女儿们常常会抱着好几本书，来到我跟前："妈妈给我读。"虽然她们往往会搬来厚厚大大的书，我也会常常跳过细枝末节，只读出大概的内容，但每逢雨天，我的心境还是会不可思议地平稳，我可以把孩子抱在膝盖上，耐心地读。我在孩子耳边轻轻念，而她则一页页翻书，这是我们亲子共同完成的阅读。

　　除此之外，雨天也很适合教孩子们做一些难度更高的事情，因为雨声可以提高注意力。例如，用串珠制成漂亮的饰品。我想让她们活用自己的双手，感受到创造的喜悦。

串珠的方法

1. 用鱼线穿过三颗珠子，穿第四颗珠子时，则用鱼线的两端交叉穿过。

2. 将鱼线左右两端分别穿过一颗珠子，穿下一颗珠子时，则用鱼线的两端交叉穿过。

3. 重复步骤 2 的动作，直至串珠有绕手腕一圈的长度，然后将鱼线穿过最初那颗珠子，打结处理后即可。

串珠

7月

文月

盛夏的7月

  送走梅雨季，终于迎来了盛夏的酷暑。7月也被唤作"文月[1]"，据说是因为七夕那天，大家会在诗笺上写下短歌或是愿望，以此提高书法的水平而得名。笔直朝天的竹枝，会将愿望传递给星星，在我的印象中，这一民俗活动从江户时代便开始了。

  白天蝉鸣不知停歇，到夜里，又迎来蛙声一片——真是热闹非凡的月份。在我家也是如此，迎来暑假的孩子们每天唱歌、谈天，声音在耳畔此起彼伏。和平日里生活起居不同的这一时期，是和孩子们一起放松、彼此亲近的好机会。

  在炎夏可以将脚泡入凉凉的河水中吃西瓜。不依赖冷气，而是更多地贴近自然，以前的人们更熟知这一道理。待在城市里，如此微小的幸福也变得踪迹难寻。若是坐在空调房里吃西瓜，大概就看不到这样的笑容了吧。我觉得孩子是全身心向往自然的动物。

---

1 编者注：在7月7日吟唱诗歌据说是奈良时代从中国传到日本的习俗，这在夏日的晚上是十分优美的雅兴，因此，7月被称为"文月"，也被称为"七夜月（ななよづき）"。

愿望乘上诗笺之时

　　女儿们最喜欢浪漫的故事了。我曾告诉她们，七夕是相爱的织女和牛郎一年一度在银河见面的特别日子。就像歌里唱的那般——"竹叶沙沙作响，飘摇在屋檐前。星辰大人闪闪发亮，幻化成金银的沙子。"——我会在花店买下一株竹枝，把彩纸做成诗笺，一边哼着《七夕大人》，一边在诗笺上写下愿望，对着闪耀的星辰祈愿。夜风之所以温暖、轻柔，一定是因为织女和牛郎把他们的幸福分给我们了吧。

　　天气晴好的日子，无论身处何地，都能眺望夜空，赏星星。繁忙的平日，骑自行车从托儿所回家的这段路上，我只能匆匆穿过夜空，不能静下心好好欣赏月亮以及星辰。七夕给了我们亲子和夜空对话的机会。

单身时代几乎没有在七夕眺望夜空的记忆。现在和孩子们一起思考和写下愿望的时间令人非常快乐。

暑假，一起去树林里玩耍可以受到许多昆虫的欢迎。今天遇见了独角仙。

7 月 日 常

食

被唤作"海之米"的沙丁鱼，营养价值极高，是食欲消减的炎夏会想要吃的食物。

紫苏则有着杀菌和消除疲劳的作用。

紫苏露对过度沐浴紫外线的肌肤和夏倦都有良好的效果，被称作"夏天的美容液"。

油渍沙丁鱼

材料（方便制作的量）

沙丁鱼…4 条　蒜…1 瓣　朝天椒…1 根　橄榄油…适量（浸过沙丁鱼的程度）

制作方法

1. 取下沙丁鱼的头及内脏，将鱼身全面抹盐。放置 20 分钟左右，拭去沁出的水分。

2. 在小锅（图片上的是可以用明火加热的珐琅容器）内放入沙丁鱼，再加入浸过沙丁鱼的橄榄油、切成薄片的蒜以及朝天椒，开小火，保持不至于沸腾的温度，加热 15 分钟足以烧至熟透。

3. 关火，待其冷却，冷透后即可。请在 1 周内食用完毕。

紫苏露

材料（方便制作的分量）

红紫苏…1 束　甜菜糖…700 克　柠檬酸（可食用）…20 克　水…2 升

制作方法

1. 在锅中加水，烧至沸腾后，加入柠檬酸，待其融化。

2. 加入洗净的红紫苏叶，煮 2 ~ 3 分钟。

3. 水变色后，即可去除红紫苏叶，加入甜菜糖，用文火熬煮 20 分钟左右。

4. 待其冷却后倒入消毒后的保存容器。我喜欢冲兑 4 ~ 5 倍的碳酸水喝。

7
月
的
准
备

生活

虽然提起中元节，更多的是拘泥、庄重的印象，但在这个节日里，可以传递平日里疏于表达的心情。

另外，日晒和蚊虫叮咬，也是 7 月必须攻克的课题。

在中元节表达感谢之心

中元节礼物和年末礼物包含着感谢之情，我每年都会准时寄礼物给关照过我的人。提起中元节和年末，我们总会有拘泥而庄重的印象，但在这两个时节传递平日里疏于表达的心情再合适不过。

我寄回老家的，是丈夫老家的冰箱里常备的明宝火腿。丈夫老家在尝到火腿的时候就觉得十分美味，自那以后我就一直送这个了。找到了固定的礼物，便不用每次都烦恼、踌躇了。收礼方也会期待着"差不多又能收到那种美味的火腿了呢"，这也是一大优点。

防御日晒与蚊虫叮咬，仅仅需要这一支

Herbal Garden 的 SPF 防晒喷雾（配图右侧）选用对孩子刺激性小的原料研发而成，让我觉得十分安心。防晒的功效自不用说，喷雾的成分中还含有防虫的药草，抵御蚊虫叮咬的效果也值得期待。去公园之前，虽然会预先使用防晒喷雾和防虫喷雾，但在玩乐的途中只需要这一支，非常便利。若是仍然被叮咬了，就轮到乐敦制药出品的药膏（配图左侧）登场了。因为药膏是小小一罐，我会随身放在口袋里。这是应对皮肤干裂的万能药膏，在我家是不可或缺的常备药之一。

主食

意大利面用少量食材，能实现快速烹饪。

虽然烹饪过程简单，但食材都是自家预先腌渍而成的，这是满意度较高的一道料理。

将番茄用油加热后再食用，番茄红素的吸收率会上涨许多，品尝番茄，接受夏日的馈赠吧。

油渍沙丁鱼意面

材料（2 人份）

意大利面…200 克　油渍沙丁鱼（参照第 56 页）…2 条　油渍番茄干（参照下文）…6 个　蒜…1 瓣
朝天椒…1 根（可遵循个人喜好调整）　盐、胡椒粉…少许

制作方法

1. 在锅中加入 1 大勺盐和足量水，开火烧热，待其沸腾后，加入意大利面。
2. 将平底锅用油渍番茄干的橄榄油（1 大勺）烧热，加入切成薄片的蒜和朝天椒，用小火炒香。
3. 将蒜稍稍炒至变色后，即可加入油渍沙丁鱼和番茄干轻轻翻炒，随后与煮熟后的意大利面拌匀。撒上盐与胡椒粉调味后即可。

7
月
的
餐
桌

油渍番茄干

材料（方便制作的分量）

小番茄…12 个　盐…小汤匙 1 勺　橄榄油…适量（浸过小番茄的程度）

制作方法

1. 将烤箱预热至 120℃。将小番茄横向对半切。
2. 将铝箔放在烤箱隔板上，将小番茄保持一定间隔地放置。启动烤箱，花上 2 小时左右将小番茄细细烤透。
3. 烤制完成后，全方位地撒上盐，在隔板上放置 3 小时左右。
4. 将小番茄放入消毒后的玻璃瓶，再在瓶中倒入浸过番茄的橄榄油。将玻璃瓶放置于没有日照的阴凉处。请在 10 天内食用完毕。

配菜

我在食欲消退的时候，通常会借助口感极佳、汁液充沛的配菜来拌饭。
含钙量是菠菜的 9 倍的帝王菜，是我在夏天特别想要大量食用的蔬菜之一。

蘸汁拌菜

材料（2 人份）

秋葵…5 根　帝王菜…1 束　蘸汁…大汤匙 1 勺

制作方法

1. 在锅中加水，烧至沸腾后，加入秋葵，煮 1 分钟左右后，加入帝王菜。
2. 将煮熟的菜盛到滤网上沥干，将秋葵切成小片，帝王菜切成小条，充分拌上蘸汁即可。

点心

提起夏天的点心，最想介绍的无疑是我们自家制的冰棍儿！
市场上贩卖的冰激凌往往含有过多的砂糖。
实际上，仅仅使用果汁和水果就能制成足够美味的甜品。
所需的道具，也不过是纸杯和小木勺。

水果冰棍

材料（方便制作的分量）

喜欢的纯果汁（葡萄汁、桲果汁、猕猴桃汁、苹果汁等）…适量
喜欢的水果（菠萝、葡萄、树莓、蓝莓等）…适量

制作方法

1. 在小纸杯中倒入 1/3 左右的果汁，再加入切成小丁的水果，将小纸杯放入冰箱冷冻室。
2. 待其结冰后，在其表面划出小口子并插入小木勺。再加入不同颜色的果汁与水果，再度放入冰箱冷冻室。
3. 待其结冰即可。用手心对纸杯稍稍加热，就能轻松取出冰棍。

制作紫阳干花

泡入明矾水中，颜色会变得更美丽。烧明矾在药店花 250 日元就能买到。

7 月 例 事

湿气浓重的梅雨季之花是紫阳花。6 月鲜艳盛放的紫阳花，到了 7 月下旬，颜色就会一点点暗淡下去。我想更长久地欣赏这动人的颜色。此时要向大家推荐的，便是干花的制作方法了。在连日的晴天中剪下一些紫阳花，去其叶，让其在明矾水中生长一会儿。先欣赏 2 ~ 3 日的盆栽，之后将其制作成干花。

本书展示的香包（见第 61 页）放入了薰衣草的干花。紫阳花的干花也可以放入香包，制作时，将其悬挂在阴凉处，使其完全干燥，剪下花朵部分即可。

用麻绳绑住花枝，将花反向悬挂在通风良好的阴凉处，待其干燥（约 3 天），花瓣变得干脆后即可。

多做一些摆在一起，用来装饰玄关或者起居室再合适不过。

制作香包

　　被译为"香包""香囊"的"sachet"一词源自法语，意指"用香料与草本植物填充的小袋"。我通常会把留香浓重的草叶干燥后直接放入香包，若是香气变淡了，可以滴几滴精油让香气更为持久。

　　香包无论放在衣柜里还是玄关都很合适；代替除味剂，放在卫生间和车内也是不错的选择。日常生活里，我就有意储存一些花纹可爱的布，空闲时就做些针线活儿。香包作为室内装饰品很精美，当作礼物也招人喜欢。

制作方法

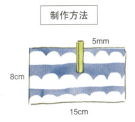

1. 剪布。将丝带对折，简单固定在布上。

2. 将布向内对折，缝住下边与右边（保留翻面口）。

3. 开口向上。沿着"★"标记缝成帐篷形。

4. 将布翻面。从翻面口塞入干燥香料，缝住翻面口。

将 15 厘米 x 8 厘米左右大小的余布缝制成帐篷形，随后往里放滴过精油的干花。

香包

仅仅是放置在衣柜、鞋柜及抽屉之中，就能让衣物和鞋子散发出怡人的香气。

立秋

秋日之始——立秋，因为是在 8 月 7 日，实际上还是弥漫着盛夏气息，是一如既往的高温酷暑天。

烈日当空，耀眼灼目。梅雨季开始酿制的梅子，也到了可以晒成梅干的时期。

然而在这酷暑期间，偶尔会吹来带着凉意的风，让人记起秋天。

像舍不得夏日离去一般，蝉鸣不知疲倦……夜风也添了一丝凛凛的感触，迎面拂来，提醒我秋天正在步步接近。

沐浴着夏日阳光成熟的玉米，在立秋之时便迎来了收获期。这是糖度最高的时期。我过去就不太喜欢罐头玉米粒的味道，却觉得蒸玉米美味得不得了，真是不可思议。没错，是母亲引导了我的味觉。母亲教会我品尝蔬菜的原味、甘甜与食用方法。托这份福气，我从来没生过大病。因为我家原本就是农户，所以从小起，我家的餐桌上就有很多蔬菜。

　　犹记得上幼儿园时，校餐里常常会出现整个的煮青椒，其他小朋友每到用餐时就会垂头丧气。但是我因为从小就帮家里做农活儿，对餐桌上的青椒也不排斥，不一会儿就吃得干干净净。当时老师还会举起我的空碟子，对着大家说"小麻希全部吃掉了哟"，让我感到既害羞又光荣。当时我6岁。

　　成为社会人士后，和其他人一起吃饭的机会也变多了。每当看见有人说"我不怎么喜欢小番茄啊"，然后唯独剩下小番茄不吃时，我就会在心里想："不吃那种像樱桃一样甜美的小果实，好可惜啊。那个人该不会是因为没吃过真正的小番茄吧？"

抹盐更能引出玉米原本的甘甜。母亲常常会将刚出锅的冒着热气的玉米递给我，说："快尝尝看。"

　　虽然超市里贩卖的小番茄也是小番茄，但在田地里成熟的小番茄就像要炸开一般，鲜红的薄薄果皮柔韧又甘甜。虽然在很多人的认知里，小番茄的皮应该是硬硬的，微酸，但我总觉得那并不是真正的小番茄。

　　我父亲在他引以为傲的田地里采摘小番茄时，常常会将它们在衣服上轻拭一下后就直接吃掉。不知道父亲是在补充水分呢还是把它当作零食，总之，他鼓起脸颊的惬意表情深深印刻在我的心底。我现在还是会用小货车载着前去玩耍的外甥们去田地里玩，教授他们秘密的食用方法。多亏了这种食物教育，我的女儿们也很喜欢小番茄。不过，长女讨厌青椒和胡萝卜，小女儿则不吃菠菜和葱。我会一边反思自己在育儿方面还是做得不够到位，一边哄着她们"乖，就吃一口哟"，毫不气馁地在餐桌上摆满新鲜蔬菜。

8月

叶月

民俗仪式接二连三的8月

　　盛夏8月，日历上已经走进了秋天，甚至其名也唤作"叶月¹"，但实际上还是酷暑难耐。在这个月，我会带孩子们去泳池或海滩边，被日光晒黑好几度，与此同时享受盂兰盆舞大会和花火大会。看着孩子们从早到晚身着泳衣或浴衣玩乐、午睡，一会儿补充体力，一会儿消耗体力，我真是打心底感到羡慕不已。

　　白天听着与烈日比赛般的蝉儿声嘶力竭地鸣叫，到黄昏稍稍转凉时，那声音听上去又仿佛注入了悲伤。明明白天热得难以忍耐，到了傍晚却又常常会忽然雷声大作，下起倾盆大雨，仿佛都能让人感知到大地被润泽的喜悦。一年里，像这样拥有双重面孔的，恐怕只有8月吧。

　　8月有长长的盂兰盆假，我会回老家去看看，这段时间对我来说陪孩子们玩才是正经事。去河边钓钓鱼，去山里抓抓独角仙，这是最合适孩子亲近大自然的一个月。

---

1 编者注：在日本的东北地区或北海道地区，8月份，叶子会开始落下，所以从"叶落月"衍生出"叶月"的说法。在某些地方，8月会有候鸟、大雁进行季节性迁徙，也因此有"初来月（はつきづき）"的说法；在九州岛、鹿儿岛等地，8月多台风，也有"南风月（はえづき）"的说法。

盂兰盆仪式里有先人的教导

盂兰盆节是纪念先人的日子。我年少时，母亲告诉我，盂兰盆节里摆着的黄瓜和茄子，被称为"精灵马"和"精灵牛"。

先人回到现实世界看望我们时，乘坐的便是"马（黄瓜）"——包含着希望他们早日到来的祈愿；而回程时乘坐的便是"牛（茄子）"——是希望他们能好好欣赏沿途的风景。听说这些之后，年幼的我不可思议地深信不疑……与此同时，我也为这份敬爱感动不已。

这些风俗若是在我这一代终结，未免太可惜了。所以我会和孩子们一起做黄瓜和茄子的装饰，接着告诉她们其中包含的意义，我希望像这样一代教给下一代，再到下一代，这些风俗都能流传下去。

8/4

从发芽时开始照料的小番茄终于结出果实了，发现"番茄的果实原来最初是绿色的呢"。

8/15

每年的盂兰盆假期都会选择回老家优哉游哉地度过。我们会准备好"精灵马"和盂兰盆灯来感谢祖先们。

8/19

虽说简单地用刀切开西瓜就好，但我还是想选择更有暑假气息的方式——敲开西瓜。

8 月 日 常

食

对于旺季较短的水果，我会做成蜜饯或果酱，以求能品味更久。

正因为食材在一年之中无论何时都能在超市买到，我才更想将富有时节气息的餐桌美学教给孩子们。

材料（方便制作的分量）

蒜…1 瓣　生姜…1 片　味噌…100 克　味酥…100 毫升　甜菜糖…大汤匙 2 勺　咖喱粉…小汤匙 2 勺　菜籽油（色拉油亦可）…大汤匙 1 勺

制作方法

1. 在锅中加入菜籽油与切成丁的蒜，开小火热上一会儿后再轻轻翻炒。当蒜稍稍变成焦黄色，香气也变得稳定之时，再加入切成丁的生姜翻炒。

2. 炒至锅铲能够轻松碾平蒜丁之时，加入味噌、味酥与甜菜糖，继续用小火加热，注意不要烧焦。

3. 混入咖喱粉，将水分完全煮干即可。冷却后，倒入消毒后的保存容器。推荐大家再加上蛋黄酱，作为水煮蔬菜的蘸酱食用。

大蒜咖喱味噌

8 月 的 准 备

蓝莓果酱

材料（方便制作的分量）

蓝莓…200 克　甜菜糖…50 克

制作方法

1. 在锅中加入蓝莓，撒入甜菜糖，放置 2 小时左右。

2. 待蓝莓沁出水分时，开小火慢慢熬煮。

3. 时不时轻轻地搅拌，煮 10 分钟左右即可。待其冷却后，转移至消毒后的保存容器中。蓝莓果酱拌酸奶十分美味。

生活

生活在现代，只要打开空调就能拥有凉爽的体感，纵使这样十分幸运，但若是了解先人们的智慧与用心，就能得到五种感观上的全方位的凉爽。

自制止汗喷雾

第 60 页出现过的烧明矾有杀菌和止汗的作用，活用这个成分就能花很低的预算，制成止汗喷雾。

用小勺加半瓶明矾至喷雾瓶内，再加入 200 毫升清水与 3 ～ 4 滴薄荷油，摇晃至明矾溶化即可。

请将喷雾瓶放入冰箱保存，在 1 周内使用完毕。每个人的体质都有所不同，使用前，请先在不起眼的部分肌肤上测试。

调动五感享受凉意

我总觉得，比起大人，孩子的五感是更为灵敏的。大人们往往已经被空调的冷气麻痹了，但孩子仍然保持敏感。他们喜爱凛冽的冰水，也能立刻察觉到薄荷香，甚至是对于窗边丁零作响的风铃，他们也能发自内心地感动。看着孩子们的模样，我察觉到所谓凉爽，除了通过触觉感受，还能通过清爽的香气和清泠的音色感受。于是，我会在百元店购买透明的玻璃风铃，然后和孩子们一起用画笔装点它们。

烧烤

暑假会稍微体验一些特别的食物、生活。

在树荫下会意外地感到凉爽，在室外呼吸着新鲜空气，和大家一起进食，会自然而然地产生食欲。

芝士烤茄子

材料（方便制作的分量）

培根…2 片　茄子…1 根　比萨用芝士…足量　盐、胡椒粉…少许

制作方法

1. 将茄子竖向对半切开，在切面摆上培根与比萨用芝士后，开始烘烤。
2. 待芝士熔化后，撒上盐与胡椒粉。

芦笋鲜虾串

材料（方便制作的分量）

虾仁…9 粒　芦笋…2 根　盐、胡椒粉…少许

制作方法

1. 将芦笋用盐水煮过后，切成 2～3 厘米长的小段。
2. 交替串上虾仁和芦笋。
3. 撒上盐与胡椒粉，将两面烤至稍泛焦黄。

酒蒸番茄鱼

材料（方便制作的分量）

鳕鱼…2 块　蛤蜊…1 盒　红辣椒（黄辣椒亦可）…1/2 个　小番茄…4 个　蒜…1 瓣　白葡萄酒…大汤匙 1 勺　盐、胡椒粉…少许　橄榄油…大汤匙 1 勺

制作方法

1. 将蛤蜊去沙。将鳕鱼、辣椒、小番茄切至适宜食用的大小，将蒜切成末。
2. 切割 4 片铝箔纸，将食材均匀地放置其上，将铝箔纸边缘向上卷起防止汤汁溢出，呈包裹的状态烤制，待汤汁咕噜作响，散发出食材香气即可。

八月的餐桌

桑格利亚风葡萄汁

材料（方便制作的分量）

纯葡萄汁…1 升　莓果（树莓、蓝莓等）…1 盒　柠檬…1/2 个

制作方法

在容器内加入葡萄汁、莓果果实以及切片柠檬，放置 2～3 小时即可。

烤棉花糖

材料（方便制作的分量）

棉花糖…适量

制作方法

1. 用木签串上棉花糖，在铁丝网上烤。因为棉花糖焦得很快，需要迅速将其转动一圈以烤制均匀。

烤玉米

材料（方便制作的分量）

玉米…遵循个人喜好　酱油…适量

制作方法

1. 将玉米去叶后用盐水煮。
2. 用刷子为玉米涂满酱油，烤至玉米喷香。

猪肋骨

材料（方便制作的分量）

猪肋骨…5 根　酱油…100 毫升　蓝莓果酱（参照第 66 页。买来的蓝莓酱亦可）…100 毫升

制作方法

1. 在塑料袋中加入酱油与蓝莓果酱，放入猪肋骨，预先浸渍半天左右（推荐提前 1 天准备）。
2. 将猪肋骨取出，翻烤两面，待其熟透即可。

完成暑假作业

如果是偏薄的纸箱，孩子不借助外力也能独自处理，能调动想象力实现废物再利用，渐渐地感知创造新物品的乐趣。

平时的作业大多是写字或者算术，但暑假作业会有做手工、观察、绘画和写日记等，孩子们完成作业的情绪也大不相同。虽说乖乖坐在书桌边做算术题也很重要，但我相信，那种调动创造力的任务，能在将来帮助孩子面对各种各样的情况。

我虽然在孩提之时不太明白，但成为社会人士开始工作后，越来越体会到，想象力、让想象成形的能力、梳理思维的能力、专心致志的能力以及有始有终的执着是多么重要。孩子们会通过学校布置的作业，锻炼各种使其自立的能力呢。

将暑假的手工作业制成了按下按钮（薄纸板）就能得到点心的梦想自动贩卖机。

8月例事

虽然写实画非常重要，但美化记忆里的模样进行绘画也同样能提高想象力，能画出优秀的画作。

做红豆冰

遇到空闲时间，会和孩子们一起悉心地制作甜品。完成时的满足笑容能让美味加倍。

用菜刀将冰块连着牛奶盒一起切成片后，便能完好地分离冰块。多余的部分可以放入冷冻室继续保存。

　　在悠闲自得的暑假，亲子共同制作甜品是件很令人快乐的事。我的女儿们在夏季几乎每天都会吵着"想吃冰！"，但我总会有些担心，市场上贩卖的冰激凌内含添加剂，偶尔吃一次还好，若是每天……所以我也想向大家推荐这款"红豆冰"。虽说熬煮红豆沙时也会加入一些砂糖，但红豆饱含蛋白质，比买来的冰激凌更有营养，而且，一次能做不少量，每天都能吃上一些。红豆沙还可以用蓝莓果酱（参照第66页）、饼干碎（参照第19页）代替，各自有着独特的风味。

红豆冰

材料（2人份）

红豆…100克　鲜奶油…200毫升　甜菜糖…120克

制作方法

1. 在锅中加入足量的水与红豆，一起熬煮2小时左右，水量变少后转小火，一边加水，一边继续熬煮。
2. 待红豆能用手指捏碎时，加入100克甜菜糖，煮至汁水蒸干（直接使用买来的红豆沙亦可）。
3. 往牛奶盒里加鲜奶油与剩余的20克甜菜糖，用打蛋器打至起泡。
4. 在牛奶盒中加入红豆沙，轻轻搅拌混合后，放入冰箱冷冻室数小时，使其凝固成冰块。

9月

長月

享受漫漫秋夜的9月

时值9月，听到金钟儿的鸣叫声，确信秋天已经来到。9月也唤作"长月[1]"，人们会感觉夜晚越来越长，因此，据说这个名字源于"夜长月"。虽然还能感受到残留的阵阵夏意，但秋日气息渐次变得浓烈。因为空气变得清澄透明，这是一年里能最清晰地看到月亮的季节，人们有着相聚赏月的习惯。

月有阴晴圆缺，每天都会显露不同的模样。据说日历还没被发明的时候，人们就是看着每晚的月亮数日子，来计算农作物的生长阶段。

秋天来临，田地里的大米和蔬菜也迎来了收获的时期。将丰收的作物放在一旁赏月，以此表达感恩之心的就是15日的中秋夜。在中秋夜，大家用芒草装点，供上赏月团子，祈愿健康与幸福的降临。我老家会将收获的蔬菜和稻米并排摆放在回廊边，现在的家则会放一些当季的水果和根茎类蔬菜。

比起万圣节狂欢，我更喜欢吃着团子静静赏月，感觉和云端上的神明大人联结在一起了，这样更符合我家的氛围。

---

1 编者注：由"夜长月（よながつき）"省略变化而来，是日本最普遍的说法，另外也有"稻熟月（いねあがりづき）"的说法，农业发达的地方多用。

与祖父母的深厚纽带

从丈夫老家寄来的新米、敬老日、扫墓……对孩子们来说，9月是与祖父母辈密切联系的月份。这些联系会对孩子们的成长产生非常好的影响。因为祖父母平时居住在遥远的城市，我会尽量抽出时间带孩子们去见他们，让孩子们也一起坐上收割机，看割麦的场景，在蔬菜田地帮着收获。

亲眼见证餐桌上的料理原本的模样，然后用自己的双手去接触它们，这样的经历可以让孩子们逐渐养成不再浪费食物的习惯，还能加固孩子们与祖父母辈的情感纽带，我感到十分庆幸。我以前听祖父母说起战争时期的经历、冰箱尚未发明时的各种生活窍门时，敬意油然而生。所以，我也希望我的孩子们能够通过听祖父母说起往事，拓展自身的视野。

9/10

每年会从丈夫老家寄来的新米。这些在水源清澈的地区种植而成的大米是一等级的。每天能吃到高级饭店才有的大米真是非常幸福。

9/第三个星期一

庆祝长寿的敬老日里为外婆捶捶背。提供契机，让母亲和外甥女们度过这一幸福至极的时光是我的责任。

9/23

9月日常

秋分日回到老家扫墓。我会带上孩子们一起去扫墓，为了从小培养她们对先人的敬重之心。

食

韭菜的香味能勾起食欲。

仅仅是将其浸渍在酱油中，平凡的酱油就会忽然变成绝佳的美味。

收到正值收获旺季的麝香葡萄，做成果露，搭配甜品，让幸福在舌尖绽放。

韭菜酱油

材料（方便制作的分量）

韭菜…1束　炒白芝麻…大汤匙2勺　酱油…150毫升　味醂…50毫升

制作方法

1. 将韭菜切成小段。
2. 在消毒后的容器内加入韭菜、芝麻、酱油、味醂后即可。比起立刻品尝，浸渍2～3天后，韭菜的味道融入酱油的味道会更为美味。韭菜酱油在拌清蒸鸡或豆腐以及煲汤时调味都十分合适。

麝香葡萄露

材料（方便制作的分量）

麝香葡萄…1串（500克）　甜菜糖…葡萄重量的1/10（50克）

制作方法

1. 将麝香葡萄一颗颗地小心摘下，放入热水中泡30秒左右，迅速转移至冷水中剥皮。
2. 在锅中放入麝香葡萄与甜菜糖，放置3小时左右。待甜菜糖开始熔解，果实中的水分沁出之时，开小火加热5分钟左右（避免烧焦），轻轻搅拌至甜菜糖完全溶化。
3. 灌入消毒后的保存容器，放入冰箱冷藏可食用两周左右。冲兑冰茶喝会非常美味。

9
月
的
准
备

生活

风平浪静地生活是件十分幸运的事。

察觉到这一点后，每年防灾日，我都会仔细检查并预备好应对万一之时的物品。

因为我想要守护最为重要的家人。

卫生间里常备照明灯与收音机

9月1日是防灾日。有孩子后，我就从母亲那里得到"以防万一，要随时多备一些纸尿裤和牛奶"这样的忠告。因为东日本大地震，我也认识到带着防灾意识生活是多么重要。

在卫生间里，我会尽量少放其他杂物。这是一个狭小坚固的空间，遇灾时就能成为安全的避难地。因此我会在这里常备照明灯和收音机。这样一来，在灾害发生之时，我们就能避免在黑暗中伸手摸索了。

挑选常备优质品

据说，一人一天生存所需的水是3升左右。我会在家中常备许多没开封的矿泉水（4～5箱，每箱2升×6瓶的规格）。消耗过后，我会再补足储备量，我采用这种滚动式储存法来保证定量的备用品。

当灾害发生之时，保护头部是最重要的。为了保命，也必须准备好安全帽。较为便利的是，这种简易式安全帽可以折叠，能让我不必烦恼收纳空间的问题。另外，"魔法饭"是注水后等60分钟就能食用的应急食物，有丰富的口味可供选择，保质期也比较长。

主食

在这残留着酷暑气息的日子里，我会选择亚洲料理补充更多的能量。
而不加番茄酱的鸡肉饭十分受我家孩子们的欢迎。

海南鸡饭

材料（2 人份）

白米…300 克　番茄、黄瓜、香菜…按各自喜好

A：鸡腿肉…1 块　大葱（青叶部分）…20 厘米长　蒜末…半瓣的量　生姜末…半片的量
泰国鱼露…大汤匙 1 勺　颗粒鸡精…小汤匙 1 勺　盐、胡椒粉…少许

酱汁：葱碎…10 厘米长　蒜末…半瓣的量　生姜末…半片的量　甜菜糖…小汤匙 1 勺　耗油…大汤匙 1 勺　酱油…小汤匙 1 勺　泰国鱼露…大汤匙 1 勺　柠檬汁…大汤匙 1 勺　芝麻油…大汤匙 1 勺

制作方法

1. 在砂锅中倒入淘好的大米、A 以及 360 毫升水后开始蒸煮。
2. 将酱汁所需材料全部混合在一起。
3. 米饭蒸熟后，盛入食器中。将鸡腿肉切片，将番茄、黄瓜、香菜切成适宜食用的大小后，装入食器。在鸡腿肉上淋上酱汁即可。

※ 盛饭时，先在孩子用的小饭碗中将米饭挤成团，再反向倒入盘中，就能堆出漂亮的山形。

9 月 的 餐 桌

配菜

我的老家在主要种植茄子的农庄，因此，我自幼至今吃过各种各样的茄子料理。
其中最为美味的，当属一道保留了茄子原味的佳肴，它就是简简单单的烤茄子。

烤茄子

材料（2人份）

茄子…2根　生姜…1片　酱油…适量

制作方法

1. 沿竖向在茄子皮上划4刀。
2. 将茄子放置烤架上，烤至表皮变成焦黄色，趁热剥皮。注意不要烫伤。
3. 将生姜末与酱油混合后，让茄子蘸满酱汁即可。

点心

赏中秋之月，必然要配上团子。
与孩子们一起揉圆面团，供奉用之外的团子，淋上酱汁作为点心。

酱油团子

材料（方便制作的量）

糯米粉…110克

酱汁： 甜菜糖…大汤匙2勺　酱油…大汤匙1勺　水…50毫升

水溶片栗粉： 片栗粉…小汤匙1勺　水…大汤匙1勺

制作方法

1. 往糯米粉中一点点地加入热水，同时揉捏糯米粉，直至耳垂一般的硬度（小心烫伤）。
2. 揉成一口大小的团状后，放入沸水中煮熟。团子浮起1分钟左右后，将其倒至滤网上。
3. 在锅中加入做酱汁的材料，开小火，一边搅拌，一边加热。
4. 关火后，加入水溶片栗粉，待汁水变浓稠状后淋在团子上。

搬家

入住前的新家，是两室一厅的房子。我看房时就非常中意这种开阔的感觉，毫不犹豫地选定了这套。

这是开始极简生活后第一次搬家。最直观的感受果然是"储物变少后能节省不少时间"。决定搬家后，虽然早早划分了"带去新家的物品"和"需要丢弃的物品"，但到了搬家的前一天，我们家都过着一如既往的生活，直到搬家当天上午才开始收拾。打包花了6小时左右，傍晚将全部行李搬入新家。搬家在当日结束，我们瞬间就在新家里开始了日常生活。

搬家时正好使用了 30 个箱子，比起 4 年前搬家，这次箱子减少了许多，打包也轻轻松松。

为了让孩子们自己决定需要的物品和不再需要的物品，我准备了分别画着"×"和"○"的箱子。搬家是"断舍离"的大好时机。

准备好"送人物品"和"再利用物品"的箱子，避免浪费。这也是再度审视所有物品的好机会。

9 月 例 事

整理新家

新家里面没有既定的收纳物件。因此，我买了一些被称为收纳家具的架子和橱柜。家中若是配备大容量壁橱自然很棒，但在遵循"用少量物品生活"的我家，对收纳并没有过度重视，倒不如说，可以根据自家物品的多少选择收纳家具是一个优点。

选择单层住宅其实需要一定勇气，但这种房屋结构能让入住人根据自身需求，自由布置家具和活动路线。这点也很符合我家的情况。

故意不购买橱柜，而是用更灵活的架子收纳餐具。这样通风效果更为良好，能实现更干燥的开放式收纳。

我们将橱柜作为鞋柜使用。因为放不下太多双鞋，我会趁着搬家的机会处理掉几双。

舍弃旧床，变更为竹棚和床垫的搭配。稍施折叠，它们就能轻松收纳。清扫床下积灰的工作也变得轻松。

10月

神无月

10月是结果之秋

　　10月是"神明之月"，因为人们在这个月份供奉神明而被唤作"神无月[1]"。山间的秋意渐渐变浓，人们开始收到红叶贺卡。昼夜温差拉大，在清晨和夜晚的骤冷间，叶子渐次被渲染成浓艳美丽的颜色。枫叶的红、银杏的黄，秋风拂过，叶片沙沙飘落，周围都铺上了秋日地毯，明艳夺目。

　　除此之外，秋还是结果的季节，为了庆祝丰收，人们会举办各种各样的祭典。番薯、板栗、秋刀鱼、蘑菇等，美味的食材都在此时迎来旺季，这是10月的魅力所在。所谓"食欲之秋"，会有各类当季食材争相上市，是对孩子们进行饮食教育的大好机会。

　　秋天，人们会捕获许多体脂率高的鱼，食用这些鱼可以让身体调整到应对隆冬的状态。当季的食物不仅美味，对身体也十分有益，品尝这些食物能自然而然地改善身体的健康状态。新鲜、营养丰富的食材能够提供当季身体所需的各项物质。"食力"是与"生命力"紧紧相连的。

---

1 编者注：据日本的神话故事，在10月份，神明必须回日本全国神社的总神社——出云大社——集会。因此，除了出云这个地方称10月份为"神在月（かみありづき）"以外，日本其他地方皆以"神无月"称呼10月。另外，由于9月采收的稻米经过了一整个月的酿造，10月份也是酿成新酒的月份，因此10月也被称为"酿成月（かみなんづき）"。

最适合活动身体的季节

正因为处于舒适的季节，才更应该通过运动和旅行等充分活动身体。

运动会作为孩子们的活动，通常在这个月举办。通过赛跑、投篮、舞蹈等项目，孩子们会将拼尽全力练习的成果在正式比赛中充分发挥。这种力量是成为大人后所不可或缺的，也是在集体生活中非常重要的装备。对家长来说，运动会也能让自己快乐而深切地体会到孩子一年的成长。为这般努力的孩子所准备的便当也有着特殊的意义。

另外，由于气候稳定，秋天非常适合出游。我家会在这个时节进行能当天来回的短途旅行。因为平时很少坐车，我们光是租车自驾出游就已经能品到旅行的滋味。秋日旅行的随身行李也控制在最小限度的必需品范围即可。夏天需要带上替换衣物，冬天的外套又过于笨重。因此，秋日出行最为轻松。

10／第二个星期天

在举办运动会的这个月购买新的运动鞋，为孩子们施以跑得更快的"魔法"。因为几乎每天都穿，一双鞋的使用寿命大约是半年。我会再买一双大半码的鞋，作为备用收纳在家中。

10／下旬

每年 10 月都会前往山梨短途旅行一次。因为能够当天来回，所以只需要准备随身的行李。即使再温暖的日子也会有不小的昼夜温差，因此，我们需要穿上外套和便于行走的运动鞋。

10 月日常

(81)

食

正因为身处食欲之秋，才更想好好准备食物。

盐曲是我家的必需品，有助于身体健康，保存也不费功夫，非常方便。

枫浆牛奶酱则是早晨吃吐司时不可或缺的。

醇盐焗鱿鱼

材料（方便腌制的分量）

北太平洋鱿鱼（刺身用）…300 克　盐曲…大汤匙 2 勺

腌制方法

1. 将新鲜鱿鱼的内脏取出，剔除软骨，在鱿鱼肉身和肝的部分涂满盐曲。

2. 将鱿鱼放入冰箱冷藏 2 小时左右，再用厨房纸抹去鱼身上的盐曲。

3. 在鱿鱼肝上割出一道大口，将肝和切成细丝的鱿鱼混合在一起，放入冰箱冷藏 1 天即可。醇盐焗鱿鱼拌着土豆沙拉食用十分美味。

枫浆牛奶酱

材料（方便制作的量）

鲜奶油（推荐乳脂肪含量 40% 以上的品种）…150 毫升　牛奶…50 毫升　枫浆露…大汤匙 3 勺

制作方法

1. 在锅内加入所有材料，开小火熬煮 10 分钟左右，同时缓慢搅拌并注意不要烧焦。

2. 当材料融合并煮成黏稠状即可关火，待余热消散后，倒入消毒后的保存容器，将容器放入冰箱冷藏 1 天即可。

10月的准备

生活

在换季更替衣服时，我会对家中的衣物及床上用品进行一次检查。

正因为这些物品是与每天的生活息息相关的，我会认真进行除虫工作，应对即将到来的寒冷季节。

为了家人能一如既往地舒适地生活，我必须毫不马虎地收拾与整理。

在晴朗周末晾晒衣物

一旦遇上晴朗的秋日周末，我会开始晾晒、除虫。不仅仅是收纳衣物的抽屉，洗涤槽下方、鞋柜等平日里很容易潮湿的地方也会敞开，在白天通风 2 ~ 3 小时。

柠檬草的防虫效果很好，因此，我会将其干燥后剪成长短合适的小段，再用麻绳捆成束状，制成防虫用品。柠檬草可以放在抽屉等容易受潮的地方，打开抽屉时还能闻到淡淡的柠檬香。

衣物更替也得费番心思

羽毛被会在每年夏季伊始被送去干洗，除了干洗，羽毛被在夏日期间的保管也可以交给干洗店，因此，我也不必为体积稍大的羽毛被腾出收纳空间。到渐寒的 10 月，干洗店就会把柔软的被子寄回家中。这真是非常方便的一项服务。

除此之外，夏天，我会把不穿的厚重外套都收进行李箱。这样一来，原本空着的箱子也能发挥作用。到了这个季节，我就转而把泳衣和短袖等夏天的衣物收进行李箱。我的收纳准则是尽量不浪费任何空间。

主食

迎来了用板栗、蘑菇等焖饭的美味季节。

其中制作过程最简单的，当属番薯饭了。

温软的香甜中添上一点点盐味，真是令人欲罢不能。

番薯饭

材料（方便制作的分量）

白米…300 克　番薯…1 个　咸芝麻…适量　盐…小汤匙 1/2 勺

制作方法

1. 将番薯去皮，切成骰子大小的块状，浸水后滤掉水分。

2. 在砂锅内放入淘过的大米、番薯、盐与 360 毫升的清水，开始焖煮。焖煮完成后，轻撒咸芝麻于其上即可。

配菜

从夏天过渡到秋天，茄子仍然保持着美味。
这道菜的要点是，选择柔软且水分充足、能够生吃的长茄子作为原料。
即使食材同样是茄子，也需要根据不同的烹饪方式选择不同的种类。

紫苏腌茄子

材料（方便腌制的分量）

长茄子…2根　紫苏果…大汤匙1勺　醋…小汤
匙1勺　盐…小汤匙1勺

腌制方法

1. 将茄子对半切开后再切成薄片，通过抹盐使其
沁出水分。
2. 再将茄子与紫苏果和醋混合即可。紫苏腌茄子
可直接食用，也可在食用前蘸少许酱油。
※ 没有紫苏果的情况下，可以用切成丝的紫苏叶
（2枚）代替。

点心

将黄豆炒熟后用搅拌机研磨，就能轻松制成黄豆粉。
刚磨好的黄豆粉香喷喷的，带着松软而甜的口感。

黄豆粉黄油面包

材料（1人份）

长面包…1根　黄豆粉…大汤匙2勺　甜菜糖…
大汤匙2勺　黄油…10克

制作方法

1. 在耐热的容器中加入黄油，将容器放在微波炉
内（600W）加热10秒。
2. 待黄油熔化后，加入黄豆粉与甜菜糖并搅拌至
三者融合，趁热涂入面包的切口。若是枕头面包，
涂酱后切成吐司也很美味。

用废物玩乐

　　需要丢弃的废物，也可以通过加工变成玩具。纸箱、塑料瓶、吸管、牛奶盒……我都能用手将它们变成不可思议的玩具，孩子们也不会认为它们是垃圾。我希望借此让她们认识到"玩具不只是可以买来的，也能通过自己的手制作出来"。我希望她们长大后不会成为只用购买的方式获得想要的东西的人，而会成为能自己制作出想要的东西的人。用废物制作的玩具能够很好地传达这些观念。

在纸箱上接一根绳子，就能做出在草地上滑行自如的"雪橇"。用废物制作的玩具，可以没有顾虑地尽情玩耍。

塑料瓶投环

用画具将空塑料瓶涂色后装水，将报纸卷成纸环，简单的投环玩具就做好了。在这个时候还能教孩子认颜色。

牛奶盒"竹蜻蜓"

将牛奶盒剪成细长纸条，再把吸管用订书钉固定在纸条上，"竹蜻蜓"就做好了。只要多加练习，就能掌握让它飞很远的秘诀。

10月例事

橡果风车

利用这个季节在公园内散落四处、随处可见的橡果，就能手工制成风车。无风时，需要用力吹气。

松果剑玉

松果剑玉的制作方法

1. 将塑料瓶顶端剪下。

2. 沿切口贴一圈胶带确保使用安全。

3. 用塑料绳连结松果与塑料瓶。

橡果风车的制作方法

1. 用竹签穿过橡果，再穿过纵向对折的树叶。

2. 第二片树叶则以错开第一片树叶 90° 的角度穿过，第三片、第四片的朝向也错开同样的角度。

3. 完成步骤 2 之后再串入一颗橡果，随后将这个整体推向竹签的另一端，翻转持握后，从下端插入一根吸管即可。

用塑料瓶和松果能做成简单的剑玉。在购买正式的剑玉之前，可以先用废物制作品练习。这是一种大人也能玩的玩具。

立冬

冷空气持续袭来，让人感到冬日悄然接近。

日历上从这天起便进入了冬天，但立冬由于在11月7日左右，还算是能舒适度过的日子。

日照的强度会渐渐变弱，每天的日落时间也随之提前。

寒气袭人的立冬到了，山顶即将迎来初雪，北风初起，席卷落叶。

心境也渐渐调整到过冬的状态。

忽降忽止的阵雨，让我感到切实的寒冷。

是时候开始准备过冬了。

"这根萝卜很适合做成腌萝卜。你看，细细长长的，对吧？"母亲拔下萝卜，对我说道。确实，黄色的腌萝卜总是小小的，我一直以为是因为萝卜在晾干、腌渍后体积会缩小，原来和萝卜的品种也有关呢。

母亲对待蔬菜种植非常专业、认真，从挑种子开始便亲力亲为。"因为想喝胡萝卜汁，我特地从京都买来这种甘甜品种的种子呢。你看，在网上下单的哟。"母亲这么说着，一脸得意地把手机递给我看。不是从超市直接购买普通的胡萝卜，而是特地在全国范围内选购种子的母亲，在我看来十分耀眼。"降霜前的这个时期，田地里是最热闹的。经过这里的人常常会驻足，夸上一句'真壮观的田地啊'。这片田地就是我活着的意义。"母亲说着说着，竟变得有些害羞了。

"我尽量不使用农药。因为是自家食用，所以，比起好看，只要好吃就足够了。"母亲就连在土地施肥这方面都毫不马虎。超市贩卖的蔬菜，还是外形好看的更受欢迎，所以农民们常常会无可奈何地打一些农药，让作物长得更漂亮。我曾经对这些行情可以说是一无所知，总是会购买一眼相中的蔬菜。最近，我反省着"人也多是表里不一的"，也开始尽量购买有机蔬菜了。

"今年的嫩叶稍微有些硬呀，来年得买更柔嫩的菜种才行。"母亲如是说道。母亲对蔬菜种植的探索之心真是永不冷却。

通过这样的购买方式，我们吃到了更美味的蔬菜，比如冬天吃到了甘甜的菠菜（仅仅用盐水煮煮就美味至极）。以前提起菠菜，脑海里浮现的总是它和黄油、培根炒在一起的样子，现在回想起来，那样炒不过是为了盖过菠菜原本的涩味。自从菠菜变成一年到头都贩卖的蔬菜品种，我就完全忘记了它在收获季本真的味道。毋庸置疑，菠菜的味道总是在和涩味战斗着，然而看着田地里种植的菠菜，我忽然想起自己在孩提时代非常喜欢它那粉色的根茎。不知何时，处理菠菜时去除根茎变成了一种习惯。不过，我最近又转而养成亲近自然的生活方式，挑选蔬菜的方式也变了，我再度开始品味蔬菜的原味。

11
月

霜
月

着
手
过
冬
准
备
的
11
月

　　随着秋意渐浓，冬天的气息也在 11 月悄然接近。11 月也唤作"霜月 [1]"，正如其名，这个月是降霜的时期，早晚都能感受到刺骨的寒冷。日落时间越来越早，傍晚去托儿所接孩子时，天色就会迅速变暗。风也不再温柔，新闻还开始预告今年北风初次登陆的时间。透过窗，看见银杏叶也开始凋零，"冬天越来越近了啊"，这么想着，11 月的心情是有些许寂寞的。

　　因为从春天到初秋都安排了很多次出游，所以在需要适应寒冷的 11 月，我会选择在家中待更多时间，着手过冬的准备：利用阳光和寒风晾干一些蔬菜，如番薯、香菇等，把它们做成能够长时间保存的食物。蔬菜和水果被晾成脯干后都很美味，营养价值也会提高。

　　除此之外，若是遇见异常寒冷、急需取暖的日子，我会在厨房熬煮一些红豆。红豆和黄豆的收成期都在秋天，我会将它们煮成浓稠的豆沙……房间内也会因此被暖气笼罩，伴随着好闻的香气，身心都能够放松。仅仅是待在家中，心底就会溢出幸福感。

---

1 编者注："霜月"是逐渐寒冷、结霜的月份，便因此得名。另外，这个月份树叶凋零，也因此被称为"凋む月（しぼむつき）"。

11 / 7

被医生告知"流感疫苗的效果持续半年"，通过计算得知，11月也需要去进行一次接种。母子手账分成两本，放在收纳袋里保管。

记录成长瞬间，留下美好回忆

　　我是在怀上长女的时候，从母亲那儿拿到了自己的母子手账，她说："看看自己的经历吧，或许这本手账能供你参考。"我虽说小时候也翻阅过，但成为母亲后，才第一次感受到母子手账上的记录原来那么重要。母亲的字迹早已被我熟记于心，飘扬在手账间，记录了我的成长。我自己也成为记录者时，终于切身体会到身为母亲的心情。为了在女儿将来要成为母亲的时候把手账交给她，我也想每年认真地记录下她的成长。

　　除了母子手账，从母亲那儿继承来的还有一身和服。我所拥有的这身和服，是母亲订婚时所穿的。而长女7岁时所穿的和服，是我7岁时所穿的那身。今年小女儿过"七五三"时所穿的和服，则是长女3岁时所穿的那身。像这样一代代地赠予与继承，能够勾起赠予方的珍贵回忆。

11 / 15

在"七五三"节参拜神社时，小女儿穿的和服是长女3岁时穿过的那身。在专业阿姨的帮助下，小女儿穿上姐姐那身憧憬已久的和服，兴奋不已。

11 月 日 常

食

纵使深秋持续晴天，干燥的寒风还是毫不含糊。

为了能更长时间地品尝到秋天结出的果实，我会将它们制成能长
时间储存的食物。

利用秋风，可以将蔬菜和水果做出另一番美味。

什锦八宝菜

材料（方便制作的分量）

胡萝卜…1/2 根　白萝卜…1/4 根　茄子…1
根　黄瓜…1 根　柠檬…100 克　海带…适量
味醂…大汤匙 4 勺　甜醋…大汤匙 4 勺　甜
菜糖…大汤匙 4 勺　酱油…大汤匙 4 勺

制作方法

1. 将胡萝卜与白萝卜切丝，放在通风良好的
地方干燥 1～2 天。将其他的蔬菜全部切成
薄片。在茄子与黄瓜上撒适量盐，用力挤出水
分。将柠檬片在醋水里泡过后滤干。将海带切
成 1 厘米宽的长条。
2. 在锅内加入味醂、甜醋、甜菜糖、酱油，
开火加热至沸腾后，迅速关火。
3. 将步骤 1 中准备好的食材加入锅中，待锅冷
却后，将菜放置在冰箱内冷藏 1 天左右即可。

柿饼

材料（方便制作的分量）

涩柿子（带枝）…随个人喜好

制作方法

1. 将涩柿子的枝调整成 T 字形并划开蒂部
的果肉表皮，剥去果皮并留下蒂。
2. 取 1 米左右长的塑料绳，在其两端绑上
去皮后的柿子后，将柿子放入热水中（不
要让柿子裂开）。
3. 在通风良好的地方，将两端的柿子错开
并悬挂晾晒。晾晒需 3 周左右，待其表面
皱巴巴、泛白时即可。

11 月 的 准 备

生活

这个季节早晚温度会骤然降低，空气也十分干燥。
不过，稍稍活用一点小智慧，动动手，就能不花钱也不费劲地舒适度过每一天。

让房间温暖的炖菜

　　天然气所生的火苗能让人的身体切实地感受到温暖，因此我一直认为寒冷的日子就是煮红豆沙的最好时机。应对稍稍有点寒冷又不至于开暖气的日子，我会做一些美味的料理，顺便使房间内升温，这真是一举两得。

　　煮红豆时热热的香气充满房间，心也会随之被幸福感填满。水汽还能盈润干燥的空气，使房间内的空气变得轻盈、温暖，这对我来说是有治愈效果的。这个方法，是能享受美味和温暖的生活智慧。

晾衣物也要应对干燥

　　我听说，湿度保持在 50% ~ 60% 的话，人就不容易感冒。因此，我家会花很多心思应对秋冬的干燥空气。

　　我家每晚都会清洗衣物，一到冬天，为了应对干燥，会选择将衣服晾在空调出风的方向。正好，在白昼变短的冬天，衣物很难晾干，夜里洗完后先把它们放在房间里晾着，等到第二天早上，它们几乎已经被空调的风吹干了。另外，需要临时加湿的时候，我也会进行一些手工制作。例如，将 PAX NATURON 液体肥皂（参照第 31 页）的容器剪开，往里加入清水，再放入卷起来的报纸，简易的加湿器就完成了。

主食

庆祝宴席上经常会出现红豆饭。

因为红豆表皮很薄，非常容易戳破，它的兆头便不太吉利，所以我会选用皮更为坚韧、煮出来的汤汁也更红一些的赤色大豆。

在为女儿庆祝"七五三"时，我也试着做了一些。

红豆饭

材料（方便制作的分量）

糯米…300 克　赤色大豆…30 克　赤色大豆煮汁…300 毫升　盐…小汤匙 1 勺　咸芝麻…适量

制作方法

1. 在锅中加入水与赤色大豆，开火加热，沸腾后转为中火再煮 10 分钟左右。随后捞出赤色大豆，将汤汁冷却备用。

2. 将淘过的糯米放入砂锅之中，灌入冷却后的赤色大豆汤汁，再加入赤色大豆与盐，合盖后用大火焖煮 7 分钟左右（比普通白米少煮 1 分钟）。

3. 关火后，用余热再蒸 20 分钟左右即可。盛饭装盘时要小心，不要戳破赤色大豆，最后撒上咸芝麻。

配菜

秋天能收获种类丰富的根茎类蔬菜。

芋芅虽然去皮时有些麻烦，但吃起来热乎乎的，十分美味。

稍费一些精力也是值得的。

酱蒸芋芅

材料（方便制作的分量）

芋芅…5 个　酒…大汤匙 1 勺　甜菜糖…大汤匙 3 勺　素面蘸汁（3 倍浓缩型）…大汤匙 1 勺　酱油…大汤匙 1 勺

制作方法

1. 将芋芅仔细清洗后去皮，切成适宜食用的大小。
2. 在锅中放入芋芅，加入刚好没过芋芅的水，将芋芅煮熟后滤掉水。
3. 将芋芅放置滤网上，稍稍用水洗去表面的黏液。
4. 在锅中放入芋芅，再加入没过芋芅的水和酒，开火加热。
5. 水沸腾后，按顺序加入甜菜糖、素面蘸汁、酱油，转小火慢慢熬煮。当竹签可以轻松戳穿芋芅时即可。

点心

提起梨子，人们往往会想到夏天。

实际上秋梨被做成果汁后也非常美味。

我试着将拥有这份美味的秋梨制成散发柚子清香的寒天冻。

如果家里没有梨子，只用柚子做也一样美味。

柚梨寒天冻

材料（方便制作的分量）

梨…1/2 个　柚子…1/2 个　寒天棒…1/2 根　甜菜糖…50 克　水…300 毫升

制作方法

1. 将梨去皮，切成边长 5 毫米左右的三角形，将柚子挤汁备用。
2. 在锅中加入水与甜菜糖，煮至沸腾。
3. 加入寒天棒，待其完全熔化后熄火。
4. 加入梨与柚子汁，搅拌过后，将梨与汁水放入冰箱冷冻 2 小时左右使其凝固。可以将柚子皮切成末装点其上。

收获

让孩子们亲眼看见种植蔬菜的场景，用自己的双手体验收获，这是最棒的饮食生活教育。我希望她们通过体验的欢乐，喜欢上蔬菜。

老家务农，田地到 11 月便迎来最热闹的时期。夏天播下的种子，终于到了收获品尝的时候。作物因为无法抵抗 12 月的降霜，必须在 11 月全部收割。我们即将面临无法收获蔬菜的 12 月，于是在此时进行各方面的储备。

晾干萝卜、将白菜放入稻草中储存等，是从冰箱被发明以前的时代传授至今的一些小智慧，不同的蔬菜能用不同的方式储存。年幼的我目睹这些劳作时，深深体会到生命力的顽强，以及万物变化的无限可能性。

超市贩卖的白萝卜几乎只有白色根茎部分，实际上白萝卜有着如此茂盛的叶子。如果不亲自去收割作物，那么是不会有这种发现的。

11 月 例 事

"沾土越多的萝卜越甜，对吗？""白菜原来摸起来这么柔软啊。"孩子们对我这样说道。她们之所以不抗拒蔬菜，或许是因为见过为蔬菜劳作的脸庞。

腌菜

古人为了更长久地品尝蔬菜的味道，发明了腌渍这一处理方法。将蔬菜用盐腌渍后，待其发酵，以此度过无法吃到新鲜蔬菜的冬天。对于生在务农家庭的我而言，从小起，家里的餐桌就离不开腌菜。小时候的我几乎都没拿筷子沾过腌菜，30岁之后，我忽然开始觉得腌菜美味得不得了，真是不可思议。在吃饭前，我把它们当作下酒菜一般品尝，说完"我开动了"之后，就先夹一块腌菜吃。

腌菜有着让白米饭的美味"更上一层楼"的力量。虽说腌菜并不是餐桌上不可或缺的存在，但只要有腌菜，我就会不自觉地松一口气。

据我母亲说，腌菜一次腌得越多越美味，因此每到收获蔬菜的季节，她都会亲自腌渍。每年将自制的腌菜送去给期待已久的邻居，顺便唠唠家常，这也是件开心的事。我真希望自己有一天能像母亲那样熟练掌握腌渍的技巧啊！首先从记住它们的味道开始吧，我默默地又吃了一口（笑）。

利用红紫苏可以渲染出自然鲜艳的颜色。不仅仅是颜色，紫苏的香气、味道都渗入萝卜，让其美味倍增。

紫苏腌萝卜（左数第一道）、盐渍萝卜（左数第二道）、盐渍白菜（右上）、泡菜（右下），它们有不同的美味。

12月

师走

为一年画上句点的12月

在一年进入尾声时，我们迎来了"师走[1]"。12月总是小跑似的慌慌张张地过去。但是，在忙碌之中，我必然不会忘了给这一年关照过我的人们寄去写下谢辞的贺年卡或年末礼物。

在外套内装备好围巾等防寒用品后，我走上大街，瞬间便因为街道上满是灯光而心跳不已。孩子们扳着手指，迫不及待地计算圣诞老人还有多久来到，那副模样真是可爱极了。钱包也变得越来越薄，不知为何，12月总是会花很多钱。我会选择只有在圣诞节能吃到的树桩蛋糕作为圣诞蛋糕。

我会准备一些稍稍特别的玩具作为礼物，同时为圣诞老人备好红茶和饼干，为驯鹿准备好胡萝卜。圣诞节的早晨，孩子们醒来发现胡萝卜被啃了一些，欣喜雀跃不已，她们抱着圣诞老人送来的信和玩具，朝我露出了最棒的笑容。

---

1 编者注：在日本古代，每到年末，家家户户都会迎接僧人做佛事和诵读经文。因此，僧人（师）们就会东奔西走，异常忙碌。所以，在日本古代，12月也被称为"师走"。

将一年的感谢之情倾注其中

我会回忆这一年的诸多邂逅，随即将感谢之情化作文字，倾注在贺年卡上。我一边写下对每个人的祝福，一边祈愿他们能迎来幸福的新年。

然后时间走到了白昼最短的冬至。夜晚漫长而寒冷，我会比以往更悠闲地好好泡上一次柚子澡，消除这一年积攒下来的疲劳。柚子清香有治愈的效果，我坐在浴缸里，不由自主地发起了呆。这对于育儿任务在身的我而言，是非常奢侈的时间。光是把孩子们托付给丈夫，然后这么泡一次澡，我都会心生感激。

我们会在丈夫的老家度过跨年夜。因为一年只回去两趟，而年末这次能待上一周左右，我们会尽情地撒娇。孩子们也非常喜欢爷爷奶奶的家，在庭院里跑来跑去，在自然中嬉戏玩耍。望着这副光景，我不由得在心中重复道："啊，今年也很幸福哪。"

12/5

贺年卡选择的是"世上最便利的数码印刷贺年卡（KADOKAWA）"，我会在上面写一句简单的祝福。

12/22

冬至是一年里白昼最短的日子。我老家有一棵巨大的柚子树，因此，我们每年这时候都会泡柚子澡。

12/30

12月日常

99

食

收到许多草木结出来的果实，这时候就该把它们加工一番了。
若是得到了没打农药的果实，可以连皮一起享用。

柚子青辣椒

材料（方便制作的分量）

柚子…3 个　青辣椒…6 根　盐…20 克

制作方法

1. 仅仅削去柚子表面的皮（留下表皮内侧的白色部分是这道料理的小诀窍）。
2. 将除籽后的青辣椒用搅拌机磨碎，连同柚子与盐混合后于冰箱内放置 1 个月左右即完成了腌制。处理青辣椒时，佩戴好眼镜、口罩、手套更为安全。

苹果茶

材料（方便制作的分量）

苹果皮…1 个苹果的分量　红茶茶叶…适量

制作方法

1. 选取无农药栽培的苹果，将果皮削下并晾晒 2 天左右。
2. 将干燥后的苹果皮放入沸腾的水中煮 2～3 分钟。
3. 用煮过的水泡制红茶茶叶即可。苹果茶有暖暖的苹果香气。

12 月 的 准 备

生活

我们一家人会在 12 月某个晴朗的周末进行大扫除。
怀着对这套房子的感谢，兼顾平时不起眼的每个角落，做彻底的清洁。

从高处开始大扫除

　　灯罩的清理由丈夫负责，因为平时不怎么会碰高处，所以每到大扫除时，我们会周密细致地进行清洁。若是拂落了灰尘，我们就迅速用苏打清洁剂把灰尘抹干净。所谓苏打清洁剂，制作时，需要用少许热水融化小半勺的碱，随后兑上 200 毫升清水，接着将它们一起灌入喷雾瓶中即可。1 千克碱的粉末仅需要 500 日元就能买到，平日里可以用来浸泡餐布，或是用作入浴剂，是很万能的小商品。

　　从高处开始清洁可以提高效率，这是大扫除的关键。我们家会先清理书架上方、排气扇、窗帘轨道等地方积攒的灰尘。

苏打清洁剂可用于窗户和地板的清洁

　　窗户的清洁工作从房间内部开始，由于外面是污垢积攒得最严重的，我们家通常会在擦完地后，最后着手窗户外侧的清洁，这样一来也不用顾虑抹布的使用状况。自不必说，无论是清理窗户还是清理地板，苏打清洁剂都能派上不小的用场。

　　借助抹布类的工具进行清洁是孩子们最擅长的。她们可以带着喜悦，从家里的一个角落抹去另一个角落，来来回回地，不知疲倦。大扫除之际，我也会趁机收拾一下我家的纯天然木餐桌，用砂纸磨去有伤痕或污垢的部分，随后为餐桌抹上一层保养油，并把它晾一整晚。保养油选择的是护肤时也会用到的橄榄油（大洋制药）。

圣诞

我家餐桌此时迎来了一年里最特别的模样。

餐桌上摆满了孩子们喜爱的食物及点心，身心仿佛都被喜庆的气息包围。

料理的食材虽然都很简单，但通过摆盘能营造出十分华丽的感觉。

一口派

材料（方便制作的分量）

冷冻派饼…适量　喜欢的食材…适量

制作方法

1. 将派饼在常温下放置 10 分钟左右。将烤箱调至 180℃预热。

2. 将派饼切成能一口吃下的大小，盛上喜欢的食材。

3. 放入烤箱烤制 20 分钟左右即可。

（我家使用的食材）

巧克力香蕉　香蕉＋巧克力豆

黄油苹果　煮苹果＋黄油

蔬菜火腿奶酪　火腿＋芦笋＋小番茄＋番茄酱＋奶酪丝

芦笋培根奶酪　培根＋芦笋＋蛋黄酱＋奶酪丝

培根花椰菜奶酪　培根＋花椰菜＋卡门波特干酪＋盐＋胡椒粉

比萨　青椒＋小番茄＋比萨酱＋奶酪丝

无花果奶酪　无花果干＋戈根索拉奶酪＋蜂蜜

鳕鱼子奶酪　鳕鱼子＋蛋黄酱＋奶酪丝

蜂蜜烤鸡

材料（方便制作的分量）

烤鸡…半只

A：蒜末…2 瓣的量　蜂蜜…大汤匙 2 勺　酱油…大汤匙 1 勺　胡椒粉…少许

盐…小汤匙 1 勺　胡椒粉…少许

制作方法

1. 用盐与胡椒粉涂满鸡身，用叉子穿过鸡皮和鸡肉。

2. 将鸡与 A 放入较结实的塑料袋中，腌制 30 分钟以上。

3. 用预热到 200℃的烤箱烤制 60 分钟左右。待其表皮稍稍烤焦之后，将烤鸡包裹在铝箔纸里。

4. 将烤制好的鸡摆在嫩芽菜上方。

※ 不同的烤箱需要的烤制时间也不同，请根据烤制状况进行调节。

草莓和切成扇形的柠檬，轻轻漂浮在买来的碳酸香槟水上，看起来稍显华丽的饮料轻松制成。

胡萝卜浓汤

材料（方便制作的分量）

胡萝卜…2根 洋葱…1个 欧芹…少许
A：牛奶…300毫升 鲜奶油…100毫升 黄油…10克 颗粒清汤底料…大汤匙1勺
盐、胡椒粉…适量 黄油…10克 水…200毫升

制作方法

1. 将胡萝卜和洋葱去皮后切成薄片。
2. 将黄油下锅加热，加入洋葱翻炒。炒熟后往锅内加水，加入胡萝卜后，用小火将食材煮软。
3. 煮至蔬菜被筷子夹起时会断掉的状态即可出锅。用搅拌机把出锅的蔬菜打成汤底状态。
4. 在锅中加入打好的汤底与A，煮至咕噜地冒泡时即可熄火。撒上盐与胡椒粉后，将汤倒入碗中，最后撒上切成小段的欧芹。

圣诞沙拉与圣诞塔

材料（方便制作的分量）

圣诞沙拉：嫩芽菜…1袋（200g）
萝卜（小）…2个 花椰菜…1/3棵
黄瓜…1根 混合豆类…适量 鹌鹑蛋…4个 喜欢的沙拉调味汁…适量
圣诞塔：小番茄…4个 莫扎里拉奶酪…4块

制作方法

1. 将嫩芽菜洗净后沥干。将小萝卜切成薄片。用削皮器将黄瓜纵向削成薄片。水煮鹌鹑蛋与分成小粒的花椰菜。
2. 将小番茄对半切开，夹入莫扎里拉奶酪后用牙签固定。
3. 摆盘时先铺上嫩芽菜，随后盛上其余食材。将圣诞塔装点在沙拉的中心部分。食用之前滴上喜欢的调味汁。

牛油果三文鱼沙司

材料（方便制作的分量）

烟熏三文鱼…3片 牛油果…1/2个 胡椒粉…少许
A：蛋黄酱…大汤匙1勺 甜菜糖…小汤匙1勺 盐…1小撮

制作方法

1. 将牛油果去籽，用勺子挖出果肉，将果皮作为容器使用。
2. 将烟熏三文鱼切成适宜食用的大小，与牛油果肉和A共同放入钵形碗搅拌。
3. 将搅拌后的食材装在果皮中，最后撒上胡椒粉。

制作圣诞花环

手工制作的花环和各个装饰品包含了我们的情感，可以更贴切地营造出属于我们的欢乐空间。稍稍有些笨拙和不完美的手工更令人难以忘怀。

用老家庭院里生长的桧木树叶、百元店买来的木环与红莓果实一起制作花环。

用松果、红色果实与百元店买来的银色丙烯喷雾做装饰品。

将松果放在废报纸上，稍稍淋上喷雾，再用胶水将果实粘上去即可。

圣诞节的准备，是从和女儿一起捡松果、找桧木叶开始的。要做什么样的圣诞花环呢？根据捡来的材料，去百元店寻找合适的配饰，我希望她们能对制作充满期待。虽说市面上贩卖不少圣诞配饰，随处都能轻松买到，但一起去树林里寻找材料，一起手工制作……这种一年一度的快乐，我想要和孩子们一起体会。我认为，每年考虑新的设计，一起制作和装饰的过程，可是比购买花环有着好几倍的价值呢。

挂上干燥一个月之后，散发的节日气息更浓烈了。装点了蝴蝶结与红色的果实后十分可爱。

装点圣诞树

每逢圣诞节时期，我都想要装点一棵真正的树。

枝叶的香气充满了圣诞氛围，渐渐干枯的过程也很美丽。据说，冷杉因为冬天也不会凋零，象征着"永恒的生命"。

因此，每年购置新的圣诞树，也会获得欣赏植物的奥妙的好机会。比起买棵假树，在其他 11 个月里把它收起来，每年从花店买一棵新树更有过圣诞节的感觉。

在这样一棵树上绑上毛线球，挂上糖果和蝴蝶结——装点它的乐趣是无穷的。

仅仅是绑上稍大一点的毛线球，圣诞树的存在感就直线上升。绑上各种颜色的毛线球也很可爱。

制作方法

1. 剪下如图大小的纸板。从左剪入一道 8 厘米左右长的剪切口。

2. 将毛线穿过剪切口。

3. 用毛线绕纸板缠150 圈左右。

圣诞毛线球

4. 绕完圈后，将毛线头穿过中央剪切口，用力束紧。

5. 抽出纸板，用剪刀绕毛线边缘剪一圈。

6. 整理形状，剪成圆形。

母亲教与我的，我教与女儿

觉得米饭非常美味，觉得用抹布做清洁很舒坦，这些每天都会感受到的微小『幸福』，积累起来，就会成为人生中巨大的『幸福』。

母亲所教与我的，贯穿每日的细致的生活方式、生活智慧，现在轮到我再教与女儿们了。

我想教会她们不让每个小喜乐与小期待溜走，教她们懂得饮食的意义、生活的意义。

时光飞逝，不知不觉，我也嫁作人妻、成为母亲，需要做的家务也变多了。

最初试探一般地读过一些杂志和书本，最终还是依赖着对母亲的记忆。

"料理要亲自烹饪。刚出锅的是最美味的。"

"地板用清水擦拭后是最干净的。"

"洗过的衣物和被子最好是放在太阳下晾晒。"

母亲这双劳动者的手，捏过上千个饭团，将我抚养长大。

这些话细数起来简直无穷无尽。我现在生活的根基，说是母亲创造的也不为过。

我在和母亲共同生活的年岁里，掌握了"生存之术"。

曾经窝在暖桌下滚来滚去的懒洋洋的我，现在是全家最早起床做早餐的，连我自己都对此感到惊讶。

我再度认识到，人只有尝试去做了，才知道自己行不行。

一转眼，十年又过去了。

吃到美味的东西就会产生幸福感。

在干净的房间内生活，身心都会变得轻松。

被子上散发着阳光的气息，躺下不一会儿就陷入熟睡。

我认为，花上这些简单的心思，可以让人的心境变得多姿多彩。

曾经有一段时间，因为繁忙，我每天都去便利店买炒乌冬和纳豆卷吃，还对房间角落的积灰视而不见。

被子凌乱地揪成一团，有好几次，我都不记得自己多久没换床单了。

所以，在那段时间，我动不动就感冒，觉得疲劳如影随形，经常光顾按摩店。皮肤状态也很糟糕，我甚至跑去皮肤科看病。

现在的我明白了，因为身体是很敏感而诚实的，潦草的生活状态也会被真实地反映出来。

很多事情都必须亲身体会才能了解。

孩子们用海苔卷起刚捏好的饭团，若是手指沾到饭团，就直接抓起来吃掉。这是我们亲子之间的美食时间。

全家人围坐在一起吃刚刚做好的饭团，这真是幸福时刻—— 一边说着"最大的是我的！"，一边争先恐后地伸手去拿。

　　成为母亲后，在育儿方面有了一些见解，我开始明白，若是想向孩子倾注爱，作为母亲必须在心境上更加放松才行。

　　因此，我开始改变作息方式、饮食方式、生活方式。

　　就像母亲曾经为我做的那样，我开始稍微学着"多花一些心思，过更精致的生活"，结果我反而变得更轻松，身心也开始强大起来。

　　"明明还这么冷，却看见了蒲公英。"

　　"今天的月亮真圆啊。"

　　"麻雀来玩了哟。"

　　通过这些小小的喜悦，我变得越来越幸福。

　　这种生活方式才刚刚开始，不过是人生的一个里程碑。

　　今后对于育儿的事，我一定还会感到迷茫和烦恼，但我下定决心，要和女儿们一起寻找正确的道路，让她们看着我（作为母亲）的背影，郑重地度过每一天。

　　我嘴里塞满了自己捏的饭团，脸颊鼓鼓地说"果然还是比不上妈妈啊"，不由得微笑起来。

饭团稍微有些笨拙，却十分可爱。比起便利店的饭团，用自己的双手捏出来的饭团才是世上最美味的！

之所以会认为母亲捏的饭团格外美味，毫无疑问是因为母亲将满满的爱包裹在其中。

写在结尾

　　我年幼时特别喜欢《龙猫》。因为我当时恰巧就生活在一个像龙猫森林一样的地方，当看见小皋月给母亲写信说"要是我也能见到（龙猫）就好了"的场景时，我跟着大叫"我也想见到"，开始一本正经地在庭院里寻找能见到龙猫的树洞。

　　这样的我，考上大学后来到了东京，开始忘却在大自然里长大的经历，忘却方言，饱尝了现代社会的残酷竞争。

　　我在作为社会人的时候，几乎没有自己做过饭，理所当然地依靠着外面的餐馆和便利店。我一边去号称有最新科技的美容院，一边通过代餐饮料摄取营养。仅仅只是随波逐流地照搬现代社会的消费结构，日复一日，我丝毫没有察觉到任何不妥。

　　这样紊乱的生活方式，一直持续到得知自己怀上了长女的时候。

　　生产结束后，我第一次开始有了除自己之外需要守护的存在，开始深切地体会到规律有序的饮食生活习惯是多么重要。

　　可惜我早已对当初的生活上瘾过深，我就算想要做饭，也不知道怎么做才正确。我发现自己早已把过去常常挂在嘴边的歌谣、在旷野里制作的草环、给停在树枝上的鸟儿取的名字通通忘得干干净净，会折的折纸也只剩下千纸鹤。

啊，到底应该怎样着手才好？我光是哄眼前的小婴儿入睡就竭尽全力了，我开始费尽心思地和其他的妈妈朋友建立社交，每天在SNS上收集情报，过着手忙脚乱的日子。

这样的生活持续四年后，又一个小婴儿诞生了。我想，就是她改变了我的人生。没错，她像《龙猫》里的小梅一样，是个精气饱满的小女孩。

我再次拥有了从头开始的育儿机会，这次我一定要更纯粹地面对孩子。

抚养长女时使用的是纸尿裤，这次抚养小女儿就挑战一下布尿裤吧。带长女出游时给她喂的是戒奶用的速食品，带小女儿时，试试手工制作的戒奶用食物吧……我通过一次次新的挑战，逐渐变得能干。

因为是第二次育儿，我相对游刃有余了一些，即使婴儿每天半夜哭闹，我也会悠悠地想"大概再过一年，她就不会这样了吧"，像是看透了时间线一般。我精神上更为放松，和孩子相处也变得更有耐心了。

这样一来，我便更能仔细地观察孩子的一颦一笑。我虽然早就知道了，但还是会再度认识到，孩子果然是接近自然的小动物。

养育第一个孩子时，我几乎每周都会去商场购物，养育第二个孩子时，休息日的生活方式也变了。即使只是在周边散散步，我便已足够满足了。

时间和心境都变得更为宽松的我，开始察觉到"自然与四季之美"，我想，这是因为如今的我已经能够将这份珍贵述说给孩子们听了。

原来，亲近自然、感受四季变换，能让精神世界变得如此丰富啊。

这不正是过去的我所憧憬的《龙猫》世界吗？过去的我看电影时，整颗心只想见龙猫，我成为母亲后和孩子们一起看《龙猫》，却总是不由自主地被草壁家朴素的生活方式所吸引。搬家时简易的行李、井口式的厨房、大锅焖出来的米饭、炭火烤制的沙丁鱼、在河边品尝的冰镇黄瓜、在玉米地收割的作物。啊——多么理想的生活啊。我也想过那种生活，只不过我所身处的并不是昭和三十年，而是六十年后的平成二十九年。"那么，就稍微做一些现代式的改变，从力所能及的方面尝试吧。"这么想着，我开始了这本书的策划。

就这样，我将我家一年的生活记录进了这本书，大家翻阅之后，觉得如何呢？自然和季节都是不等人的，虽然我知道育儿后每天都很忙碌，但您是否也可以尝试从力所能及的方面开始，一点点地和孩子一起感受"自然与四季之美"呢？

我希望，这本书也能让您的生活变得更丰富。

最后，我想对大和书房的泷泽小姐说，这一年来，真是感谢您对这个策划者的陪伴。在写完这本书的此刻，我百感交集。

林先生，这一年来，您作为专属摄影师，追随着我们家的生活，平添了那么多繁忙。真是太感谢您了。

文京图案室的芝小姐，谢谢您将我所描绘的世界，用如此美丽的笔触还原出来。

孩子爸爸，谢谢你在我为这本书而繁忙的那些日子，每天帮我晾衣服。

女儿们，妈妈会努力，做出和外婆做的一样美味的料理。

最后，感谢阅读到这里的读者们。

麻希

2017 年 4 月

图书在版编目（CIP）数据

母亲传承给孩子的四季生活 / （日）麻希著；千早
译 . —— 北京：北京联合出版公司 ,2019.6
　ISBN 978-7-5596-3088-9

Ⅰ . ①母… Ⅱ . ①麻… ②千… Ⅲ . ①家庭教育
Ⅳ . ① G78

中国版本图书馆 CIP 数据核字（ 2019 ）第 058662 号

HAHAKARA KONI TSUTAETAI MOTANAI SHIKINO KURASHI by Maki
Copyright © Maki 2017
All rights reserved.
Original Japanese edition published by DAIWASHOBO CO.,LTD.
Simplified Chinese translation copyright © 2019 by Beijing United Creadion Culture Media Co.
This Simplified Chinese edition published by arrangement with DAIWASHOBO CO.,LTD., Tokyo,
through HonnoKizuna, Inc., Tokyo, and jia-xi books co., ltd.

母亲传承给孩子的四季生活

作　　者：〔日〕麻希
译　　者：千　早
责任编辑：张　萌
产品经理：穆　晨
特约编辑：丛龙艳

北京联合出版公司出版
（北京市西城区德外大街 83 号楼 9 层 100088 ）
北京联合天畅文化传播公司发行
天津光之彩印刷有限公司印刷　新华书店经销
字数 80 千字　787mm×1092mm　1/16　印张 8
2019 年 6 月第 1 版　2019 年 6 月第 1 次印刷
ISBN 978-7-5596-3088-9
定价：68.00 元
